とり親家庭

千衣子
Chieko Akaishi

岩波新書
1481

はじめに

年収一〇〇~二〇〇万円の暮らし

東北のある地方都市でひとりのシングルマザーに会った。離婚して数年経ち、子どもとの暮らしもそれなりに安定しているようだ。午前中は近所のスーパーの惣菜部門で八時から一二時まで四時間働いている。昼休みにもうひとつの職場、損保会社に移動して午後一時から五時まで事務仕事をして働く。どちらも東北のその地域での最低賃金すれすれの時給七〇〇円(二〇一二年現在)で働いている。月々の収入は約九万円。雇用保険は午後の損保会社がかけている(雇用保険は週二〇時間以上の勤務で雇用が一か月以上の見込みであればかけることになっている)。社会保険には入っていない。給料のほか、児童扶養手当が四万円ほど、そして児童手当が一万円もらえる。家賃四万円に加えて食費や水光熱費を払うとぎりぎりの生活だろう。

私は彼女に、職業訓練を受けて、もう少しわりのいい仕事に就いてみないか、と聞いた。訓練手当が出るコースでステップアップできないかと思ったのだ。しかし彼女はそういう訓練は受ける必要がない、と言った。

「今の暮らしはそう悪くない。なんとか暮らしていけている」と。

私はさらに、「でも、子どもが大きくなると教育費もかかるのでは?」と聞いてみた。

彼女は若いときの預貯金が少しあるから、と答えた。若いときの仕事を聞いてみたがどれも非正規だった。

彼女はつましい暮らしの中ででも安定しているようにも見えた。二〇一一年の「全国母子世帯等調査」によると、年収でいうと一〇〇万円から二〇〇万円の階層に約三五%の母子世帯が暮らしている。それはこうした人たちの暮らしだ、ということができる。

実は私自身もそうだった。私自身は子どもが保育所に通っているときには、月々一〇万円くらいの給料で家賃五万円弱を払って生活していた。子どもを育てあげるのにどれだけお金がかかるかもまだ知らなかった。テレビもエアコンも車も携帯もパソコンもなかったし、新しい洋服や靴を買うこともまれで、必要なときはリサイクルショップで調達していた。児童扶養手当月三万三〇〇〇円が頼りだった。

その後、私は転職してまがりなりにも正規職員となり、給料も上がり、子どもの教育費については親族の援助も受けてなんとか捻出できた。当時はシングルマザーになってから数年経つと、小さな会社なら正社員の仕事に就けて、仕事もやや安定し給料が上がる人も多かった。今から二十数年前のことだ。

でも現在はちがう。あの東北のシングルマザーはこの先もずっと同じ時給七〇〇円で暮らす可能性が高い。引き続きあの地域の最低賃金すれすれの時給で働き続けるだろう。パート労働者の賃金が上がる可能性は低い。

一年後の二〇一三年、もう一度彼女に会った。午前中のスーパーの総菜部門の仕事は日曜勤務をしてほしいと言われて周囲に迷惑をかけてはいけないので辞め、ファーストフードの店でシフト勤務のアルバイトを始めたばかりだった。接客に慣れるのに大変だと言っていた。私はもう一度手当付き訓練受講を勧めた。「私は節約が上手だから大丈夫」という答えが返ってきた。

一〇代のシングルマザー

一五歳で子どもを産んだシングルマザー小山麻耶さん(仮名)と会った。両親の離婚で母と妹たちと暮らしていた麻耶さんは、中学生のとき同級生の彼と付き合うようになった。避妊の具体的な方法は知っていたが避妊しなかった。中学三年生の終わりに妊娠。自分でも受験のころは少し太ったなと思っただけで気づかなかった。進学校に進学して、妊娠七か月ごろ彼女の妊娠を母親が知った。麻耶さんの母親は中絶できる病院を探し回った。麻耶さんは彼と結婚して一緒に暮らしたいと思っていたが、母親の言うとおりにするしかなかった。学校側は、麻耶さんの妊娠がわかって「悪い前例をつくってはいけない」と自主退学させた。中絶する病院は探し出せずに出産。乳児院に預ける予定だったが赤ん坊が生まれたら母親も家で育てる気持ちになった。

子どもは母親が育てることになり、麻耶さんは定時制高校に入学した。だがそのころ家の中は大変だった。母親は統合失調症を患い、ひとりの妹は摂食障害で母親に暴力をふるっていた。高校を卒業した麻耶さんはアルバイトをし、やがて正社員で働けるようになった。

母親と父親の離婚の原因は、父親の事業の失敗と父の女性関係によるものだった。グランドピアノのある一戸建ての家に住む小学生だった麻耶さんは、翌日の友達との約束を断る電話もできないまま、母親と妹たちと家を出たという。アパートを借り、母親は働きに出るが病気になり、その後は生活保護を受けて暮らすようになった。そして中学生のときに彼女は妊娠した。

父親の事業の失敗は一九九〇年代後半だ。バブル崩壊後の日本の経済は、失業、事業の失敗による夜逃げ、自死を増加させた。ひとりの失業者、ひとつの事業の失敗の裏には何人もの家族の生活の変化がある。すぐには表には出てきにくいが、あとになってわかってくる。

現在の日本で、ひとり親であるということは、半分以上の確率で、貧困に陥ることがわかってきた。これまでひとり親、とくに母子家庭の暮らしの困難は当然のことのように受け止められ、社会もそのことを長い間放置してきた。

貧困というのは、生活が成りたたない、食べていけない、安心できる住居がない、働く場所がない、社会的に孤立している、人間的な暮らしができない、そういったことを言う。だが子どものいる家庭の貧困というのは、それに加えてさらに子どもがひとり立ちできるまで育てることができない、そういう資源がないことをも意味している。

母子家庭・父子家庭で暮らしている人々は、食べていくための暮らしはなんとか紡いでいるかもしれない。しかし子どもへの十分な教育費を捻出することは困難だ。日本では子どもを育てるのはまずは親の責任と思われており、実際にそうなっているのだが、ひとり親の子どもたちをひとり立ちできるまで育てる、その力はとても弱まっている。

シングルファーザーの生活困難

シングルファーザーからもうめきが聞こえるようになってきた。

「父子家庭」というと、親族が子どもを見てくれて父親は仕事で忙しく働いているイメージが定着しているため、収入はある程度安定していると思われがちだが、実際はそうでもない。

父子家庭の就労収入は早い速度で下がり続けている。二〇〇六年全国母子世帯等調査では三九八万円だった父子家庭の平均年間就労収入は、二〇一一年には三六〇万円と下がった。年間就労収入が三〇〇万円以下の父子家庭の割合は四三・六％で、特に一〇〇万円以下の家庭が増えている。また親などの同居親族がいない父子家庭が約四割に上る。

「全国父子家庭支援連絡会」（全父子連）の会員で宮城県在住の村上吉宣さんは、この結果について、「家事、子育てにより存分に仕事ができない父親が、景気の悪化も相まってリストラや転職の失敗から就労できずにいる」という。

熊本県が二〇一三年三月に発表した「ひとり親家庭等実態調査」によると、母子家庭の平均年収は一八〇万円、父子家庭の平均年収は二四一万円で、父子家庭の平均年収は前々回調査よりも一〇〇万円下がったという（『熊本日日新聞』二〇一三年三月一五日付）。

男性が突然子どもたちをひとりで育てることになったらどうなるのか。男性に用意されている仕事の勤務時間は一般にとても長く、子育てとの両立、ワーク・ライフ・バランスはまったく見込めない。そこで転職して時間の短い働き方になれば、男性でも当然収入は下がる。また近ごろは仕事に就けていない人も増えてきた。

シングルファーザーは親兄弟が子育てを手伝ってくれる人が多いと思われているから、いざ仕事と子育て・家事を両立させようと思うとシングルマザーよりもさらに困難が立ちはだかる。母子家庭等というくくりで、父子家庭のことはあまり考えてもらえない。「母子自立支援員」は父子家庭の相談も受けることになっているが、知られてはいない。

二〇一〇年から児童扶養手当が父子家庭にも適用されるようなった。一三年からは、看護師など二年以上の修学期間のある国家資格の学校に通う場合には手当が支給される高等技能訓練促進費も、シングルファーザーに適用されるようになった。

底抜けするひとり親の生活

私は三〇年以上前にシングルマザーになって、自由さも味わった反面、主に経済的にこんなに生き難いのはなぜだろうと思った。シングルマザーの当事者の集まり「しんぐるまざあず・ふぉーらむ」(当時は「児童扶養手当の切り捨てを許さない連絡会」)で同じ立場の女性たちと出会い、エンパワーされながら活動してきた。その間、政策提言活動を続けてきたが、それは常に、悪くなるものをなんとか押しとどめるにとどまり、ひとりで子どもを育てる人々の生活を豊かにするための道筋をつけることはまだできていない。

だが、事態は悪化している。今、ひとり親の現状は放置できない状況に来ていると思う。

さまざまな影響の最大のひとつが子どもたちだ。シングルマザーの困難は、子どもたちの困難、そして育った若者たちの困難へと連鎖する。またまわりの子どもたち、社会へも影響を与えている。その連鎖や影響を無視することはできない。

離婚後に夜働くシングルマザーは以前からいたが、今はひとつの選択肢のようになったようだ。児童虐待の調査では、虐待、特にネグレクトの場合にひとり親が多く含まれていることを伝えている。子どもが教育を受けるチャンスに格差があることもわかってきている。仕事がない若者、ネットカフェに暮らしながら仕事に行く若者、路上に暮らす若者の中にも、親が離婚しひとり親家庭で育った子どもが多いという。

夫からの暴力で別れてひとり親になった場合はさらに大変だ。安全を守るために夫に住所を明かさないで暮らすために住民票が移せないのでさまざまな不便をこうむるだけではない。暴力被害からの精神的な回復に時間がかかる。子どもたちのケアも必要となるが十分な心理的ケアにはお金もいる。

私は、しんぐるまざあず・ふぉーらむという当事者が集まる場で電話とメール相談、グループ相談会、また行政のセミナーなどを通じ、たくさんのシングルマザーや数は少ないがシングルファーザーの話を聞いている。一人ひとり、離婚手続きや仕事探し、子育てなどの大変さを抱えながら先に進もうとしている。グループ相談会では、一人ひとりが安心できる場で思いのたけを話し、涙するときにも、涙の後の笑顔にも何度も立ち会ってきた。そのたびに、それぞれが自分の問題に向き合いながら解決していく力に心を揺り動かされてきた。さらに相談会やメーリングリストの場では、仲間同士が自然と助け合う姿を何度も見てきた。

だが最近気になるのは、こういう相談機関になかなかつながらないシングルマザーたちである。あるいは、相談しても次々に問題を抱えてつらくなっている人たちもいる。相談につながる人はある意味で力のある人たちだ。助けてと言わない人たち、情報を探す手段がない人たちもいる。相談会に来る人たちでさえ、仕事と子育ての両立はギリギリのところであるのにその人たちはどうしているのか。

本書を書くにあたっては、なかなかアクセスできない人たちのところにも出向いてたくさんの話を聞いた。東北三県の被災地でのシングルマザーたちの話も聞いた。

ひとり親の体力・気力を一本のゴムにたとえれば、いつもゴムがひっぱられている状態だ。ゴムが伸びきったらどうなるか。もうがんばってもどうにもならないところに来ている親が増えているような気がする。

ひとり親とはどのような状況なのか。また、なぜそうなっているのか。そして彼女彼らの苦境を放置することによって、この社会がこうむる影響とはなんなのか。ともに考えたい。

本書の構成を簡単に説明したい。1章では、さまざまな理由でひとり親になったその実態を数字と事例で紹介する。2章では、ひとり親家庭の中でもなかなか理解されにくい、別居中のひとり親家庭や暴力被害を受けて離婚に至ったひとり親、不利益を受けやすい非婚のひとり親、再婚家庭、最後にひとり親のその後の状況を紹介する。3章では、ひとり親の子どもたちの現状を伝えたい。4章では、ひとり親の貧困の原因として男性が正社員として長時間働いて妻子を養うというシステムがあることを考える。5章では、ひとり親に対する施策の歴史と現状を伝える。6章では、ひとり親への支援として求められているものを伝える。

文中に登場する名前は、肩書きがない限り原則として仮名である。引用文については、文意を損ねない範囲で手を入れたものもある。

目　次

1章

ひとり親家庭の現在

あなたはシングルマザー、シングルファーザーというとどんなイメージをもっているだろうか。

いつも忙しくしている、お金がなさそう、髪を振り乱して働いている母親というイメージがあるかもしれない。あるいは、手当をもらってゆとりのある暮らしをしている人、男にだらしない人とか、生活保護をもらってブラブラしている、というイメージもあるかもしれない。

シングルファーザーだと、家事育児は同居する母親にお願いして働き続けるお父さん、というイメージが強いのだろうか。

こうしたイメージはメディアでつくられることもあるし、近所にいるシングルマザーの人がたまたまそうだったというだけで全部のひとり親がそうだと思っている人もいる。どれも非常にステレオタイプなイメージである。

ではひとり親の実像はどうなのだろうか。本当に福祉に依存し働いていないのか、本当に子どもを放置している人が多いのか。日本のシングルマザーの現在をデータなどから伝えたい。

四〇年前から二倍になったシングルマザー

まずこの日本にどのくらいのシングルマザー、シングルファーザーがいるのだろうか。

現在、日本の母子家庭数は約一二四万世帯(同居者がいる世帯を含む)、父子世帯数は約二二万世帯(同)(いずれも二〇一一年全国母子世帯等調査による推計)である。厚生労働省が五年ごとに行うこの全国母子世帯等調査は、母子・父子以外の同居親族がいる世帯も含めた二〇歳以下の子どものいる母子家庭、父子家庭を調査している。この推移をみると、一九九八～二〇〇三年にかけて、母子家庭数は二〇％以上増加している(図表1-1参照)。

父子家庭は約二二万家庭で二〇年前から比べると約三三％増加している。

母子家庭のほうは、推計値ではあるが、この四〇年間で約六〇万世帯から約一二四万世帯へと二倍に増加した。特に一九九八～二〇〇三年にかけての増加率が著しい。

母子家庭になった理由をみると、離婚が八〇・八％、死別は七・五％、非婚の母は七・八％となっている。死別が大幅に減り、離婚が増える傾向で、さらに二〇一一年調査で初めて非婚が死別の数を超えた。一方で父子家庭になった理由は、離婚が七四・三％、死別が一六・八％、非婚は一・二％となっており、父子家庭のほうが死別の割合が高い結果となっている。

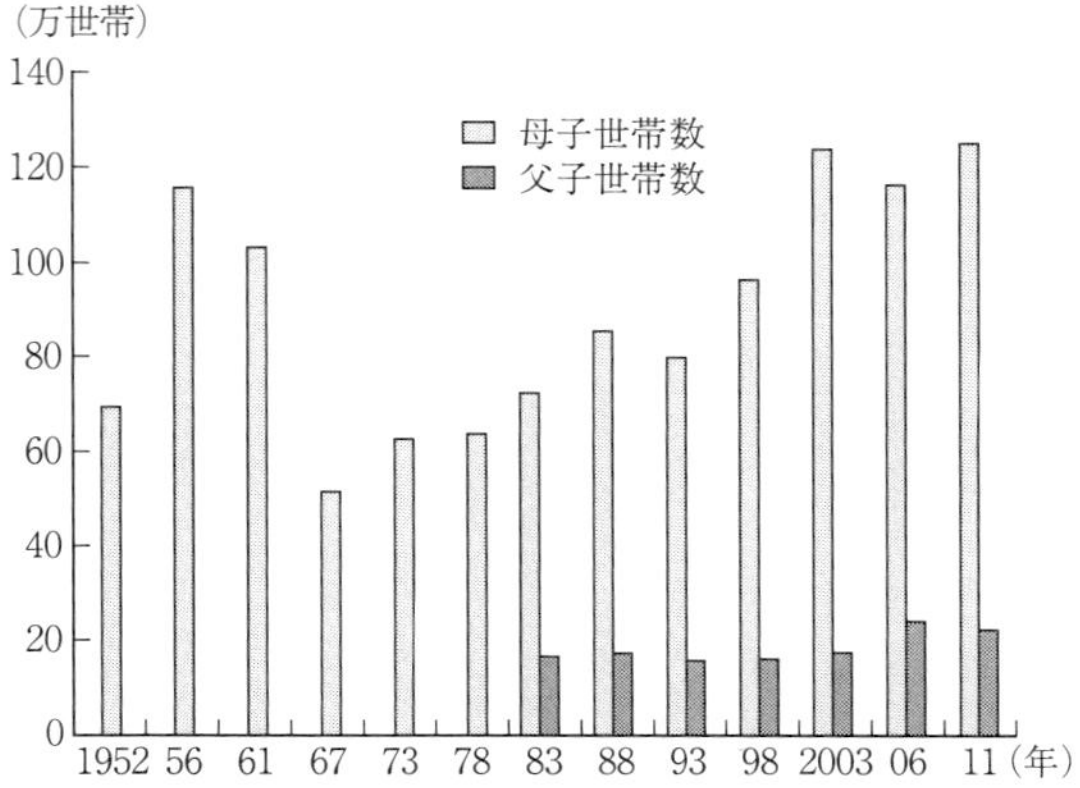

(出典)各年の全国母子世帯等調査より.

図表 1-1　母子世帯数と父子世帯数の推移

日本の離婚件数は、先進国の中ではかなり少ないほうだが、近年増加してきた。離婚件数は二〇〇三年の二八万九八三六件をピークに減少、二〇一三年は二三万一〇〇〇件とやや落ち着いてきている。

母子世帯が大きく増えた理由について、女性の経済的自立や女性の意識の変化を理由に挙げる考え方がある。たとえば、厚生労働省の「母子家庭等施策に関する基本方針研究会」(二〇〇三年)は、女性の経済的自立の進展と離婚の障害が少なくなったことが要因であると述べている。

「近年の離婚増加の原因については、事情は様々であるため、一概には言えないが、そのひとつには、離婚に対する考え方の変化や、女性の経済的自立の進展等近年の社会情勢の変化により、以前に比べ、離婚の障害が少ない環境になってきていることが考えられる」

そうなのだろうか。一九九八〜二〇〇三年は実は離婚が激増した年代である（図表1-1参照）。本当にこの時期に女性の経済的自立が進んだと言えるのだろうか。たしかに女性の雇用者が増えてはいるが、男女の賃金格差は先進国の中でも非常に大きいままであり、正社員比較で女性の賃金は男性の約七〇％、さらに女性の非正規労働は増え続け、二〇一一年には五七・五％となった（賃金構造基本調査、就業構造基本調査）。また、女性の管理職も増えてはいるが国際的にみてその割合は非常に低い。出産・育児で退職する女性は多いので女性の継続就労率も上がっていない（出生動向基本調査）。離婚件数の上昇を単純に女性の経済的自立の進展の結果ととらえるにはためらいがある。

むしろ、一九九〇年代から二〇〇〇年代にかけての貧困問題の広がりが影響していたと考えるほうが適切なのではないだろうか。景気変動と離婚件数が相関するという見解もある。社会学者の加藤彰彦は、「近年の離婚増加は、全体としてみれば、日本経済が高度成長から低成長・ゼロ成長へと転換していくなかで、社会階層要因が強く働くようになったことによりもたらされたこと、いいかえれば、経済成長には、結婚を不安定化させる社会階層の効果を緩和する効果がある」(加藤彰彦「離婚の要因――家族構造・社会階層・経済成長」二〇〇五年)としている。この研究結果は、相談やセミナーで出会うシングルマザーの経験と大いに重なっている。

ひとり親が増えてきたというが、子どものいる世帯のうちで、ひとり親世帯の率はどのくらいなのだろうか。同居親族がいない単独母子世帯の場合には約七%、同居親族のいる母子世帯も含めると約一〇%となるようだ。地域によってはクラスの半分がひとり親の子どもであるというところもある。地域によってばらつきはあるが、平均でクラス四〇人の中に四人程度ひとり親の子どもがいる時代になってきている。

ドメスティック・バイオレンスや経済問題が動機に

離婚理由とは具体的にどのようなものがあるのだろうか。司法統計婚姻関係事件における申立ての動機を見てみよう。

図表1-2は、申立ての動機を三つまで挙げる方法で重複集計したものであるが、「性格が合わない」は夫側に多いが、妻の動機の二番目以降には「暴力を振るう」「精神的に虐待する」「生活費を渡さない」などドメスティック・バイオレンス(DV)が挙がっている。そのほかの理由としては異性関係、浪費などがある。

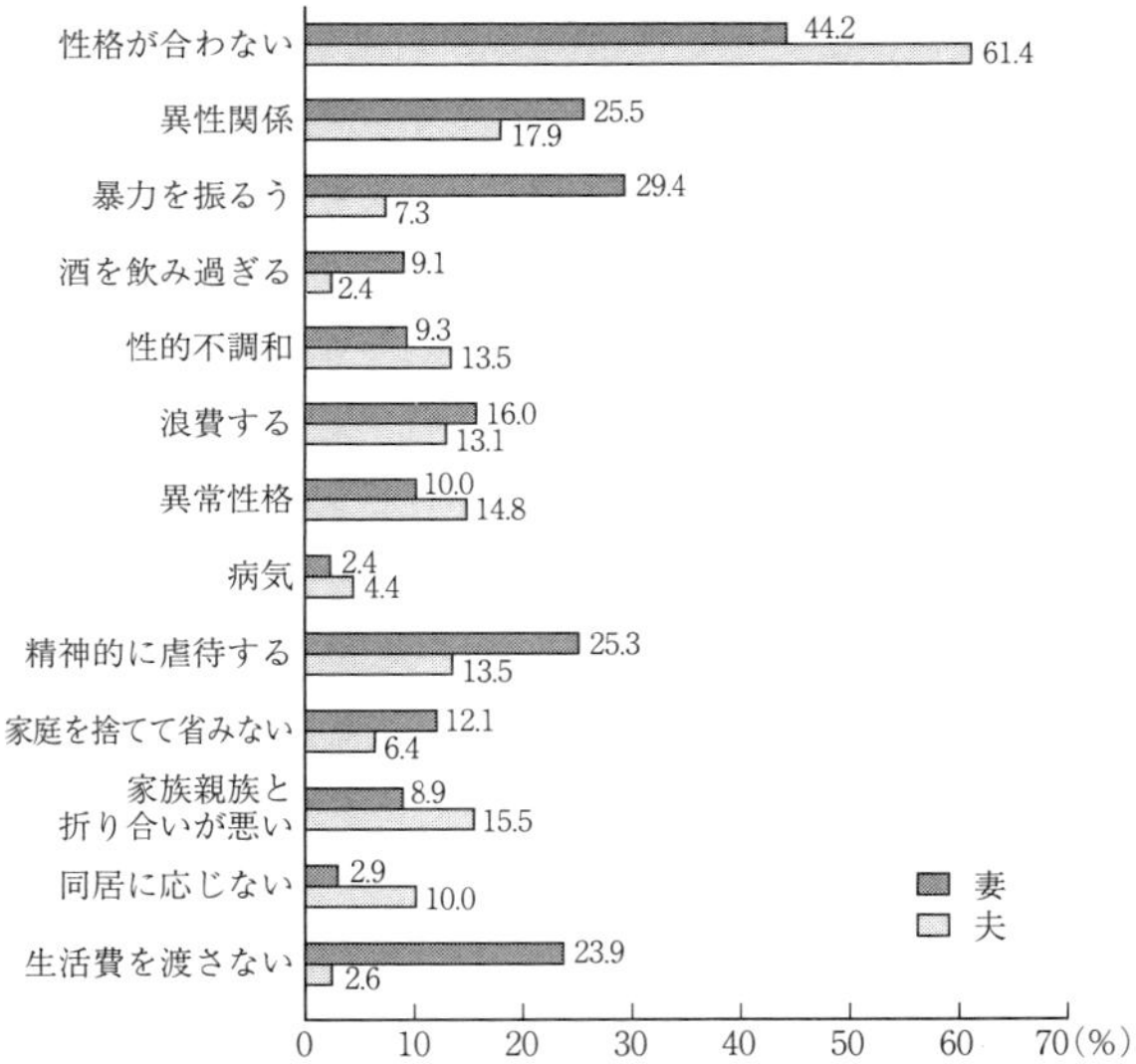

(注１)最高裁判所「司法統計年報」(平成21年度)より作成.
(注２)申立ての動機は，申立人の言う動機のうち主なものを３個まで挙げる方法で調査し重複集計したもの.
(出典)2011年版『男女共同参画白書』.

図表 1-2　婚姻関係事件における申立ての動機別割合

日本の離婚制度は独特で、夫婦の話し合いで離婚の合意ができれば市町村役場の戸籍係に届け出るだけで離婚できる協議離婚制度がある。夫婦の話し合いがつかなければ家庭裁判所へ夫婦関係調整の調停を申し立て、裁判所から呼び出されて調停委員を交えて双方で話し合い(調停)、それでも不成立の場合は裁判が行われる。先に挙げた申立事由は裁判所を経由した婚姻関係に関する申立ての動機であり、八割を占める協議離婚についての統計はないのが実情である。

よく「安易な離婚が増えている」と言われるが、しんぐるまざあず・ふぉーらむで行っている相談事業やグループ相談会での相談から見ると、いわゆる「安易な離婚」という事例にはあまり出会わない。「離婚によって子どもから父親を奪っていいのだろうか」「子どもに悪影響はないだろうか」と悩んだ末の決断が多い。

――DVがあり別居したが、子どもたちにとっては父親なので、離婚していいものか悩んでいます。

（四〇歳、二歳と四歳の男の子、別居中）

――夫は私が第一子出産で両親の家に戻っている間にギャンブルで借金を重ねていました。戻ってきたら借金返済の督促が来るので、電気、ガスが止まって寒冷地だったのでふとんをかぶって震えていたこともある。その後元夫は債務整理してまじめに返済を続けていた。第二子が生まれるときにまた実家に戻るのは不安だったが、二度とあんな馬鹿なことはしないと約束したし上の子もいたので、両親の家で産前産後を過ごした。戻ったらサラ金から借りられないので、今度は闇金からお金を借りていた。取り立てが厳しくて。小さな子を抱えてもう離婚するしかないと思って調停を申し立てました。

（四五歳、一七歳と一四歳の子、一四年前に離婚）

子どもがいる場合の離婚にはかなりのハードルがあり、それでも決意せざるをえない事情がある。それは、経済的な問題や、夫からの暴力や虐待であることも多い。しんぐるまざあず・ふぉーらむが行った調査では、離婚時に「経済的な問題があった」のは五五・七％、「暴力や虐待があった」は五七％となっている（『母子家庭の仕事とくらし③』二〇一一年。この調査対象者は、学歴や収入が平均よりもやや高い層ではある）。

生活が苦しい

次に、ひとり親たちの経済的な状況と仕事の状況について見ていこう。

シングルマザーの平均年収は二二三万円、平均年間就労収入が一八一万円となっている。また、シングルファーザーの平均年収は三八〇万円、平均年間就労収入が三六〇万円である。これを子どもがいる世帯全体の平均年収六五八万円と比べると、シングルマザーは約三四％、シングルファーザーも約五八％となる（二〇一一年全国母子世帯等調査）。

「相対的貧困率」を見ると、日本ではひとり親の貧困が際立つ。相対的貧困率とは、収入から税や保険料などを引いた可処分所得を等価可処分所得(世帯の可処分所得を世帯人数の平方根で割って算出)が全人口の中央値の半分未満である世帯員を相対的貧困の状況にあると考え、その占める比率を指す。二〇〇九年の子ども全体の貧困率が一五・七%であるのに対して、ひとり親の相対的貧困率は五〇・八%である(厚生労働省「国民生活基礎調査」二〇一二年)。二〇〇〇年代半ばには六〇%近かった。日本では、七人に一人の子どもが貧困状況にあり、特にひとり親家庭の子どもたちは、最新の統計でも二人に一人は貧困状況にある、ということになる。

年収分布をみると、平均年間就労収入が一〇〇万円以下のシングルマザーは二八・六%、一〇〇〜二〇〇万円未満は三五・四%であり、収入が二〇〇万円以下の人が約六割を占めることがわかる。世帯収入をみても年収二〇〇万円未満が三七・二%もいる。現在年収二〇〇万円以下の場合、単身であっても暮らしていくのは非常に苦しい。しかし、シングルマザーの場合には、子どもがいてこの収入である。

では資産はどうだろうか。収入が少なくても、預貯金などの資産があれば、生活の状況はずいぶん違う。まず預貯金を見てみよう。持家については後でふれる。前述の全国母子世帯等調査の結果、四七・七%のシングルマザーは五〇万円以下の預貯金しか持っていないことがわかった（二〇一一年）。死別では預貯金が五〇万円以下という人が一九・五％であるのに比べ、離婚など生別の場合には、五〇％の人が預貯金五〇万円以下である。一〇〇〇万円以上の預貯金をもっている人は死別シングルマザーでは二七・六％に上る。

離婚など生別のシングルマザーの多くは自転車操業の生活である。子どもが高校生となり、大学への進学希望を持っていたとしても、預貯金が少なくて、行きなさいと言えない、あるいは全額奨学金頼みとなる世帯が増えている。

その結果、生活が「大変苦しい」と感じる母子世帯は五〇・五％、「やや苦しい」と感じる母子世帯が三五・一％と合計で八五・六％の母子世帯が生活が苦しいと答えている。世帯全体での「大変苦しい」と「やや苦しい」と答える世帯の割合（五九・四％）や高齢者世帯（五一・五％）、児童のいる世帯（六五・七％）と比較しても突出して高い（厚生労働省「国民生活基礎調査」二〇一二年）。

生活が苦しいというのはどういう状態なのだろうか。食べるものがない、という人もいるが危機的な人は少ない。しんぐるまざあず・ふぉーらむの子ども向けの会でも、交通費がないので会合に来られない子や、長い祝日の間にご飯を食べていなかったと言って出したお菓子をたくさん食べる子がいるのは事実である。学校の養護教諭に聞くと「お弁当を持たないで遠足に来る子にこっそりコンビニのおにぎりを持たせるなどの体験は教員ならだれでもしている」という。その多くはひとり親の子だという。

ひとり親世帯で、電気、ガス、電話料金の未払い経験のある世帯は同居親族のいないひとり親で一六〜一九％に及ぶという（阿部彩「家族が直面する生活不安の実態」二〇一二年）。

身なりを見ただけでわかるような貧困ではないかもしれない（そういう子どもたちももちろんいる）。だが、私が接する多くのひとり親の状況は、働いていて、家賃を払い、食事をすることは、切り詰めながらなんとかできている。だがそれも綱渡りの生活である。親きょうだいなどの援助があればわりに安定している。だがそれでもお金を貯めるということができず、結果的には子どもをひとり立ちさせるように支援していくような教育やチャンスを与えることがしにくい、まして母親本人のために何かお金を使う余裕はない。旅行に行くのはぜいたくと思う暮らしなのである。

就労率は高いのに低収入

ひとり親、特にシングルマザーは働いていないから貧しいのではないか、と思われるかもしれない。「母子家庭は怠けているから、貧しいのだ」という偏見はいまだに根強い。政治や行政に携わる人でもこのような考えを持っている人はいる。しかし、それはとんでもない誤解である。

日本のシングルマザーの就労率は世界的に見ても驚異的に高い。二〇一一年全国母子世帯等調査では八〇・六%、二〇〇六年調査では八四・六%が働いていた。アメリカ、イギリス、フランス、イタリア、オランダなど女性の社会進出が進んだ欧米の国と比較しても、際立って高い。シングルファーザーとなると約九〇%が働いている。

働いていても貧困である、それが、日本のひとり親の現状なのである。

日本の女性の就労率は子育て期に減るM字型カーブを描く。しかし、日本のシングルマザーの場合には、子育ての負担を負っている時期といえども働かざるをえないのだともいえる。

図表 1-3 ひとり親家庭の就業状況

正規職員・従業員	523 (31.7)
派遣社員	63 (3.8)
パート・アルバイト	629 (38.2)
会社などの役員	8 (0.5)
自営業主	35 (2.1)
家族従業者	21 (1.3)
その他	49 (3.0)
無　職	248 (15.0)
不　明	72 (4.4)
合　計	1648 (100.0)

(出典)全国母子世帯等調査(2011年)

(参考)
海外のひとり親家庭の就業率
アメリカ 73.8%
イギリス 56.2%
フランス 70.1%
イタリア 78.0%
オランダ 56.9%
OECD平均 70.6%
(OECD「Babie and Bosses」(2005年)より)

収入が低い非正規の仕事で働くシングルマザーが多いことも特徴の一つである。二〇一一年全国母子世帯等調査によると正規職員が三一・七％、パート・アルバイト三八・二％、派遣三・八％となっている。さらに無職が一五・〇％いる。無職の率が上昇したのが二〇一一年調査の特徴と言える。

不安定な雇用が生活不安を招く

非正規で働くシングルマザーは収入が低い。正規職員のシングルマザーの平均年間就労収入が二七〇万円であるのに対し、パート・アルバイトの場合は一二五万円（二〇一一年全国母子世帯等調査）。非正規就労が多いことにより低収入につながっていると思われる。

――貯金をする余裕がないし、社会保障もありません。将来が大変不安です。
（四三歳、非正規社員）（『母子家庭の仕事とくらし③』）

――どんなに働きたくても、年齢やリーマンショックなどで男性や若い女性よりも仕事をみつけるのが大変、正社員になることは一〇〇％不可能です。

（五三歳、パート・アルバイト）（同右）

日本では、出産・育児で退職する女性は現在でも六～七割。継続就労する女性は少ない。このため、専業主婦から働き出すのはハードルが高い。子どもと夫がいる女性は、通勤時間の短いパート・アルバイトや在宅就労を選ぶ場合が多いが、離婚したてのシングルマザーには同じような仕事しかみつからない。その後慣れてきて、転職活動をしてより安定した仕事に就こうとする。

——母子家庭になって一〇年間、仕事はずっと派遣社員なので不安です。（中略）収入が増えることも期待できないし、子どももこれから高校、大学等でお金がかかるので（後略）

（三九歳、派遣社員）（同右）

日本の雇用労働者の正規就業率は下がるばかりである。現在、女性の非正規雇用者の割合は五七・五％と半分を越え増加の一方である（二〇一二年就業構造基本調査）。これに並行する形で、一九九二年には四六・二％のシングルマザーは常用雇用者（正規雇用を含むフルタイム従業者と思われる)だったが、その数は一九九七年四三%、二〇〇二年三二・五%、〇五年三五・九%、一一年三一・七%と減少してきた。

そのことは私が接するシングルマザーの就職状況からも実感できる。一九九〇年代半ばまで、シングルマザーにとって安定した職場は、小学校や保育所の給食調理員や用務員だった。募集の年齢制限は四〇歳まで、正規職員として勤務し、夏休みがある職場だった。しかし、現在学校や保育所の給食調理は外部委託するのが大半となっている。このため、収入も少なく、委託先企業の給食調理補助の募集などを見ると時給は東京の最低賃金ギリギリで、午前九時〜午後三時までの勤務というのが多い。公務員の待遇とは大きな差がある。あるいは、以前は小さな会社の経理事務の仕事には、かえって中年女性のほうが信用できると採用される傾向があった。現在はこうした仕事も契約社員になることが多い印象である。こうした非正規化がシングルマザーの就労に大きな負荷をかけ、子どもたちの未来を困難にしている。

最近のもうひとつの困難が、保育所に子どもが入所できないために働けないという状況である。年度途中で働きたいと思っても、シングルマザーは優先入所されるとはいえ、入れる公立や認可保育所はまずないのが現状である。しかも、求職活動中ではポイントも低いので保育所に入れない。保育所に入れなければ仕事探しもできない。

——年度の途中から保育所に入れない。そのため仕事ができないのがとても困る。

（三五歳、無職）（同右）

——契約社員だったので、産前産後休暇だけもらって、退職した。非婚で子どもを産み、その後は母ときょうだいと暮らしている。就労支援を使い看護学校に通って看護師になろうと思うが、待機児童が多くてとても一歳児では保育園に入れないので待っている状態。

（しんぐるまざあず・ふぉーらむの会合での聞き取り）

さらに子どもは病気をする。働く親ならば共通ではあるが、その看病がすべてひとり親の負担となるのはきついものがある。残業のときの保育も同様である。

——病気の時、急病時、感染症の回復時、残業時、見てくれる人がいない。

（三〇歳、正規職員）（『母子家庭の仕事とくらし③』）

保育所になかなか預けられないために、託児所が付いている仕事に就く人もいる。ヤクルトなど乳酸菌飲料の訪問販売もその一つだ。ヤクルトの場合は委託事業として販売員と請負契約していることが多い。商品は買い取りで経費がかかる。託児所代もかかる。それでも、預けて働けないよりはよい。

子どもが小学校に入れば学童保育があるが、小学三年生まででであること、お迎え時間が早くなるので保育所時代よりも却って仕事と両立することが困難になるなどの訴えもある。放課後の子どもの居場所を確保するために数学塾や水泳などお稽古事をさせる親も多いがひとり親の場合にはそうした費用をかけることもままならない。

副業を持っている、と答えたシングルマザーの率は六・九%。副業の年間収入は五〇万円以下が六七%となっている(二〇一一年全国母子世帯等調査)。シングルマザーが少ない収入を必死に増やしている様子が見えると思う。

ひとり親の学歴格差

学歴の差が就労や収入に大きな影響を与えている。学歴を見ると、シングルマザーはふたり親世帯の母親と比較して中学卒業の学歴が多いと指摘されている。二〇一一年全国母子世帯等調査では、シングルマザーの最終学歴を初めて聞いた。それによると、最終学歴が中学校の母親が一三・三%、高校が四八・〇%であった。シングルファーザーは中学卒業が一五・四%、高校卒業が五一・六%であった。

年齢などをコントロールして比較した研究によると、「離別」「死別」女性は「有配偶」女性に比べて中学卒業の割合が高いという。三〇代女性の中卒割合は全体で五・〇%であるのに対し、夫と「死別」した三〇代女性は一〇・一%が中卒、「離別」女性では一二・一%が中卒であるという。「有配偶」女性の中卒割合は四・三%に過ぎないという(藤原千沙「ひとり親の就業と階層性」二〇〇五年)。

ひとり親の最終学歴の差は生活の全般にくっきりした影響を与えている。親の学歴が低い場合には、正社員の比率も低く、年収も低く、養育費も受け取っておらず、子どもの最終進学目標でも大学・大学院である率が低くなる。最終学歴が中学卒業のシングルマザーの平均年間就労収入は一二九万円であるのに対し、大学・大学院卒の場合には二九七万円であり、二倍以上の差がある。中卒のシングルファーザーの平均年間就労収入は二三三万円であるのに対して、大学・大学院卒の場合には五五五万円である。

こうしたデータから見えることは、少なくともひとり親のうち、中卒の親には再度学び直しのチャンスをつくり、生活費が保障されながら、高校卒業資格を得られるような援助が必要だということである。

住まいの貧困

ひとり親にとって家計の中で大きな割合を占めるのは住宅費である。母子家庭の持家率は極端に低い。特に、死別以外の離婚や未婚のシングルマザーは、賃貸住宅に住むことが多いが、都市部ではその家賃負担は六〜七万円になり、家計の中に占める割合は三〜四割になる。

住まいの貧困はひとり親家庭を直撃していると言える。2DKのアパートに祖母と母親と子ども二人で暮らしていたある家族の場合、高校生の息子が祖母と衝突することが多くなり、家を飛び出したという。また「はじめに」で紹介した若いシングルマザーも、子どもと母親と祖母と母親の姉妹が同居しており、その中で、出産後子どもが幼いときにかなりの困難を抱えていたと語っている。

日本の住宅政策は、ローンを組んで家を買うことを標準としてきた。このため多くの人は住宅ローンを抱え、それを払えるだけの賃金を支給するのが、これまでの終身雇用の賃金体系であった。しかし、この住宅政策から排除されているのがシングルマザーである。ひとり親の

（本人と家族の）持家率を見ると、シングルマザーは二九・八％、シングルファーザーは六六・八％とシングルマザーのほうが低く、特に離婚などの生別シングルマザーが低い。全国調査では、公営住宅には一八・一％の人が入居しているが、希望者はもっと多く、何年も待っている状況である。一方シングルファーザーは持家があっても妻の収入や働きを前提に組んでいたローンがひとり親の生活に重くのしかかることになる。

――公営住宅に入るのに一一年申込みを続けてやっと入れた。ちょうど子どもが中学生になるときだったので、転校もスムーズだった。家賃が七万円から二万円台になり、子どもの教育費に充てることができた。（しんぐるまざあず・ふぉーらむの会合での聞き取り）

家賃を払うことが困難なため、あるいは子育ての手助けを得るために親族などと同居しているひとり親も多い。三八・八％のシングルマザー、六〇・六％のシングルファーザーが親きょうだいなどと同居している。親と同居することはさまざまな聞き取りでもセーフティネットとなっており、正規就労を得るために有効であるという調査結果もある。家賃の負担がかからないこと、子どもの世話や家事などで助けてもらえること、保育所の送迎の手助けをしてもらえること、病気や残業のときにも保育をしてくれること等々がそのメリットとして挙げられる。

――（自分の）親がいるから生活できている状態。保育所は遠くて不便なのでやむを得ず幼稚園。児童扶養手当が同居している親の収入（年金暮らし）によってもらえるかどうか決まるので困る。

（三九歳、パート）（『母子家庭の仕事とくらし③』）

しかし児童扶養手当の所得制限は同居親族の扶養義務者にも適用されるため、現役で働いている親族がいると、ほとんどの人は児童扶養手当をもらえない。住民票を別にして別世帯であると主張しても、出入り口、電気・ガス・水道のメーターが別でないと認めないのが、現在の児童扶養手当の運用である。必ずしも育った家族との関係が良好とは限らない人もいる。そうでなくても親の介護が必要になったときにさらなる困難を抱えるひとり親は多いようだ。

――私の問題は、生活に困ってはいないがぎりぎりであること。自分に先天的な病気があり、本来ならば定期的に検査を受けなければいけないがそれが出来ていないことと、親の介護が必要になりつつあることなどです。仕事と、子育てと子どもを不安にさせないようにバランスよくやっていけるかが不安です。

（三七歳、正社員・正規職員）（同右）

養育費は五人に一人、しかも低額

シングルマザーの貧困について語ると、子どもの父親から養育費をもらえばいいのではないか、といわれがちである。しかし、日本では、離別した子どもへの養育費の支払い率は二割以下、しかもその額がそもそも低額なのである。

二〇一一年全国母子世帯等調査によると、シングルマザーのうち、養育費をもらっているという人は全体の一九・七％である。また養育費の取り決めをしたと答えた人が三七・七％に過ぎない。しかも取り決め額自体が少なく、一世帯あたり平均四万三四八二円である（父子世帯は三万二二三八円）。ひとりの子どもを養育するには食費、被服費、教育費、等々五万七〇〇〇円はかかると言われている。

この一〇年、養育費の確保に関する国の取り組みは少しずつ進んできた。二〇〇四年には、養育費の不払いに対し、強制執行を簡便化するとともに一度強制執行すると将来の養育費についても給与から天引きできることになる制度がつくられた。同年に民間の研究会による養育費の簡易算定表がつくられ、家庭裁判所では、この算定表がほぼ使われるようになってきた（ただし、この簡易算定表の額は、支払い者側の必要経費を認め過ぎているため養育費が低額に抑えられていると指摘されており、今後の改善が望まれる)。さらに「養育費相談支援センター」が二〇〇七年一〇月に開設され、全国の養育費相談支援員(大部分は福祉事務所に配置されている生活相談や貸付金業務を行う母子自立支援員と兼務)の研修と相談に当たっている。また、二〇一一年、民法の中にも養育費の支払い義務が書きこまれた。法務省と厚生労働省は養育費に関する意識啓発にも努めている。

――養育費は安すぎる。算定表によると月三万円弱(子二人)となりますが、これで生活できるわけがないですし。(四〇歳、正社員・正規職員)(同右)

しかし、残念ながらこの一〇年、養育費の支払いは実際にはわずかしか増えていない。なぜ養育費をもらっている人が少なく、また低額なのだろう。養育費の取り決めをしなくても本人同士の合意だけで離婚できる協議離婚が多いこと、養育費の不払いに対する法的措置が少なく、受け取る側にとっては手間と費用がかかること、また別れてしまえば子どもについての責任は子どもと同居する親にあるという意識が強いこと、支払う側にも低所得層がいるのでそもそも払える能力が低いことなどが指摘されている。

養育費の受取額は、別れた父親の所得が上昇するとともに増える(労働政策研究・研修機構「母子家庭の母への就業支援に関する調査」二〇〇七年)。年収が二〇〇万円未満では一三・三%の受取率で平均月額も三・四六万円であるが、年収八〇〇～一〇〇〇万円未満の父親は五二・二%の受取率で、額も四・六四万円に増えている。しかし、それでも、アメリカでの六九%の徴収率と比べると低い(同調査)。

養育費の問題を解決するには、法務省、厚生労働省、裁判所など関係する省庁が横断的に対策を練る組織をつくり取り組む必要が指摘されているが、つくられていない。

養育費の支払い確保を考えるときには、一緒に暮らしていない親(非監護親という)と子どもとの面会交流のことを抜きには考えられない。養育費と面会交流は交換条件として考えるものではなく、どちらも子どもの権利だと言われているが、会わせることが養育費の条件となってしまうことが多い。このために両方の主張が折り合わないでトラブルになっている場合もある。このことについては後で詳述したい。

時間の貧困が何を招くか

ひとり親の暮らしは一日二四時間あっても全然足りない。朝起きて朝食の準備をする。子どもの給食がなければ(ない地域もあるし、ほとんどの学童保育には夏休みの間の給食はない)弁当をつくる。子どもに食べさせて自分も朝食をかきこんで急いで出かける(あるいは食べないで出かける)。

二〇一一年の全国調査では、ひとり親の半数は午後六時〜八時に家に帰ってきているが、その生活時間には余裕がない。保育所に迎えに行く、家に帰って食事の支度をし、子どもに食べさせ、明日の準備をさせ、寝かすまでとにかく余裕がない。

——シングルで子育てをしながら仕事を続けていくことの大変さをとても強く感じ、また、将来に不安を感じています。体は一つしかないので、仕事だけではなく、まず子どもとの関係を重視し、関連して、学校や地域とのかかわりもとても大切になってきますが、時間的、体調面だったりの部分で個人では限界を多々感じ、先の不安を募らせています。具体的に(シングルマザーにも!)子育てしやすい環境・企業・人々の考え方になってほしい!

(三八歳、正社員・正規職員)(同右)

シングルマザーの生活時間や育児時間を国際比較し、また有業無業の夫や妻と比較した調査によると、「国際的にみた日本の特徴として、シングルマザーと夫婦世帯の夫の仕事時間が極端に長く、育児時間も非常に短い一方で、夫婦世帯の妻の仕事時間が短く、家事時間と育児時間が長い。アメリカのシングルマザーと夫婦世帯の夫の仕事時間は、それぞれ日本に次いで長いが、育児時間が特に短いわけではない」「日本のシングルマザーの長時間労働のしわ寄せは、育児時間を切りつめる結果となっている。有業の夫婦世帯の妻と比べても仕事と育児時間の差は大きく、日本のシングルマザーは男性並みの仕事中心の生活となっている」(田宮・四方「母子世帯の仕事と育児——生活時間の国際比較から」二〇〇七年)。男性と同じ長時間労働で低収入なのである。

『母子家庭の仕事とくらし③』のアンケートでシングルマザーに「社会に一番訴えたいこと」を聞いたときに、「時間」について訴える人は一六五人中四八人となり、「お金」「経済」で訴える人の三六人よりも多かった。差し迫った問題として時間的なゆとりのなさに困難を感じていることがわかる。

睡眠時間も少ない。労働政策研究・研修機構のプロジェクト「就業・社会参加に関する調査二〇〇六」によると、シングルマザーの一日あたり平均睡眠時間はわずか五・八時間で、有配偶者女性より〇・六四時間短い。

「ワーク・ライフ・バランス」という言葉がある。仕事と家事育児を両立できるようにという政策課題だが、ワーク・ライフ・バランスをもっとも必要としている、ひとり親はこの政策の対象になっているとは思えない。口の悪い言い方だが、私は「ひとり親にとって、ワーク・ライフ・バランスなんてケッ」と発言したこともある。

子育てにとって今が大切なときであることはわかっている。しかし、仕事をしなければ食べていけない……。綱引きのように心も体も揺れていく。仕事に引っ張られていく人がいる一方、正規雇用への道を断念する人もいる。

これまでで見えてきたさまざまな困難は、おそらく健康の貧困にも陥りやすいことになるだろう。さらに相談できる相手がいない、関係の貧困にも陥りやすいということを強調したい。

見えてきた父子家庭の困難

先に見たように、シングルファーザーの就業率はシングルマザーよりも高く、九〇%を超えている。しかし、年収は三八〇万円で、子どものいる世帯の平均六五八万円の六割程度であった。

都内に住むシングルファーザーの前田健さんは、中学三年生の娘と二人暮らしをしている。前田さんの元妻は若くて子育てがうまくできず、幼い娘さんはネグレクトに近い状態にあったときもあり、子どもを手放してやり直しをしたいという妻の意思をくんで前田さんが子どもを引き取った。娘さんが三歳のときだった。その後、一時期同居した前田さんの母や兄家族とは兄の妻の負担が大きくなったことや、育児を母親任せにしてしまうなどが原因で葛藤があったという。そんないきさつから前田さんは家を出て、一時期は子連れで車上生活をしながら食品の引き売りをするなど苦労して子どもを育ててきた。

前田さんは工業高校を卒業してからいくつもの職に就いてきた。彼は現在ＩＴ系の企業のコールセンターで働いている。派遣の扱いなので、月収は二〇万円ほどだという。彼は親身に技術を教えるのは得意だといい、今の仕事に生きがいを感じている。

「ＩＴ系の企業で働くには派遣で入るしかない。これから正社員になる道もあるはず、収入が上がるだろう、と思って入った」という。時給は一五〇〇円、ボーナスはないので、年収は二四〇万円ほど。父子世帯の平均年収三八〇万円を大きく下回る。今後、前田さんが望んでいるように正社員化がスムーズに実現すれば、年収の上がる道もあるだろう。

やっと借金の返済が終わり、中学三年生になった娘さんの進学の準備でお金を貯めなければならない。二〇一〇年から父子家庭にも支給されるようになった児童扶養手当が暮らしをサポートしていると言っていた。前田さんは「外食はほとんどしない。無水鍋で野菜を使って食事づくりも一五分でできてしまう。煮物も上手ですよ」と料理自慢をしてくれた。娘さんの料理も祖母仕込みでなかなか上手だという。

今の暮らしはそれなりに安定しているような前田さんだが、生活に余裕があるわけではない。預貯金はほとんどなく、受験生の娘の塾代についても、東京都の「受験生チャレンジ支援貸付事業」(塾受講料・受験料を無利子で貸付け、入学した場合償還を免除される)を利用し塾代を借りた。一般に都内では中学三年生の塾費用は、一学期から夏期講習、冬季講習を含めると六〇万円を越すと言われる。運よく向かいのマンションに別のシングルファーザーが住んでいたので、子どもたち同士も仲良くしていると語っていた。

前田さんの暮らしぶりは、平均的なシングルマザーの収入、生活時間、料理などの家事のスキルなどとほとんど変わらないように見えた。もしも異なるところがあるとすれば、いじめに遭いそうになった娘さんに「やるだけやれ、あとはお父さんが引き受ける」という対処のパターンや、仕事も昇進見込みを期待しているところだろう。

正規職員はシングルファーザー全体の六一・三％と多数を占めるものの、働いていないシングルファーザー五・三％、アルバイトや派遣で働くシングルファーザーも一〇％いる。児童扶養手当の所得制限三六五万円以下のシングルファーザーも増えている。二〇一一年度の受給者数は六万一六五〇世帯にのぼる。

シングルファーザーというと、これまでその困りごとはまずは家事育児であり、経済的な問題はほとんどないという認識があった。しかも親族同居の場合には、その問題も解決され、父親の就労収入は確保されていると思われてきた。しかし、さまざまな数字を見ていくと、シングルファーザーの年収は下がってきており、非正規化も進んでいる。全体としてシングルファーザーのシングルマザー化が進んでいる、といっても過言ではないだろう。

そうした現状があるのに、これまでのシングルファーザーは役所に助けを求めに行ってもほとんど使えるような支援がなく孤独感を深めていた。相談するのは女性の「母子自立支援員」であり、「母子家庭等就業・自立支援センター」であり、対象に「母子家庭等」と書かれているだけ。二〇一四年からはやや名称などに改善の兆しが見られる。

2章
私たちも「ひとり親」

1章ではシングルマザーの状況について説明した。しかし、いわゆる典型的な離婚によるシングルマザー以外にも、さまざまなシングルマザーがおり、それぞれの事情や困難を抱えている。

離婚が成立する前の別居状態のシングルマザー、ドメスティック・バイオレンスから逃れてきたシングルマザー、結婚しないで子どもを産んだシングルマザー、そして子どもが成人したあとのシングルマザーについて、それぞれのライフヒストリーと、抱えている問題を伝える。

保育料を払えず滞納一〇〇万円――別居母子

夫と別居中のシングルマザーの困難はなかなか表に出てきにくい。しかし実は離婚が成立する前の状況がもっとも困難を伴う。

関東に住む理恵子さんが夫と別居したのは、二人目の子を出産して五か月のときだった。産後の肥立ちが悪くて熱が下がらず、四歳の子もいるので両親の家に戻った。その後夫のもとに帰ると「君がいると仕事にならない」と言われ、二人が冷静になるためにも距離をおきたいと夫に告げて、子どもを連れて家を出た。それから足掛け五年間、離婚も成立しないまま別居という中途半端な状態が続いた。

別居開始から数か月後、夫が夫婦関係の調停を申し立て、理恵子さんは婚姻費用（生活費）を主張し、夫は子どもとの面会交流を要求した。調停を行い、調査官の面接も受けたが、二年目に離婚と養育費、面会交流の条件が整い離婚に向けての和解が成立する直前になって、夫側が子どもを原告にした損害賠償請求裁判を起こした。「子どもの環境を著しく損なっている」というのが訴えの内容だった。和解は成立せず、その後二年以上裁判が続いた。理恵子さんは裁判で精神鑑定を要求され、その費用も折半した。その間、面会交流は試行的に行われていた。裁判が終わったのは、別居してから四年後、理恵子さんは親権を得て、養育費と面会交流が決められた。

別居中のシングルマザーは、経済的な困難もさることながら、法的にも、婚姻状態にはあるものの実質ひとり親状態であるがために、多重的な困難に直面する。理恵子さんの場合、仕事を始めたもののまだ低収入であること、家族全員が記載されている健康保険証が夫のもとにあったこと、母子家庭を対象とした福祉制度が何も利用できないこと、そして子どもの保育料が高いこと、裁判費用がかかったこと、などだった。保育料は夫の収入と合算の所得にかかるので二人分で六万八〇〇〇円となったため、時給八六〇円の理恵子さんには払えず、保育料の滞納は三年間で一〇〇万円を超えた。子どもの通っている保育所を管轄する市の保育課からは半額でもいいから払うように言われた(この滞納分は離婚後支払った)。また健康保険証がないのもこたえた。乳幼児の子どもはよく病気をした。特に医療費は窓口で一〇割負担となったので非常に困った。別居中で係争中であるため、夫からの仕送りも連絡もない「遺棄状態」ではないということで、児童扶養手当はもらえなかった。

しかも離婚は成立していないので他人からは理解されにくい。

理恵子さんは以前の職場に再度雇ってもらったがアルバイトしかできなかった。子どもの病気でよく休むからだ。夫の年収は一〇〇〇万円を超えているので、夫のほうは経済的には困らない。妻側は保育料を滞納しなければならないほどの収入。「経済力があれば、自分がこんな訴えを受けるのはおかしいと言いたかったけれどあれ以上は戦えなかった」と理恵子さんは言う。

知られていない別居中の困難

別居してから離婚までの間に、子どもの親権、養育費、面会交流、さらに財産分与、慰謝料そのほかのさまざまな決めるべきことがある。しかし、話し合いがすんなりいくことは少ない。当事者間でまず話し合いをするがうまくいかなければ、家庭裁判所の調停を利用する。

家庭裁判所に調停を申し立てると、一か月後くらいに調停の期日が決まる。調停は申し立てた相手側の住所地の家庭裁判所で行われるのが原則である。相手方が遠方にいる場合には、最悪、交通費をかけて裁判所に行かねばならなくなる。調停の期日は一か月か二か月に一度くらい入る。この間、夫婦双方ともストレスはかなりのものである。調停に臨むときは双方がそれぞれの主張をもっているが、大抵かなりのへだたりがある（から調停をしているのだが）、調停委員はどちらかが正しいと決めるというよりは双方の意見を歩み寄らせるような形でもっていくので、自分の思いが理解されたとは感じられないことも多い。

調停では子どもを育てている側が「婚姻費用の請求」といって、生活費を要求することが多い。調停で決まらなければ審判に移行し認められやすいが、支払われない場合もある。

さらに最近の傾向としては、調停の場で子どもと別居している親との面会交流を行うように調停委員から言われることが多い。面会交流自体は子どもの権利として大切なものである。子どもと会えない側もつらい。だが別居直後は生活が不安定で、面会を受け入れられる余裕がないひとり親も多い。生活が安定してくれれば、子どもの面会交流を受容できる可能性は高まるだろう。低額で利用できる面会交流を支援する機関が必要であるが、現状は数も少なく高額である。

別居中に働き始める人もいるが、都市部の保育所は待機児童が多く、年度途中ではなかなか預けられない。運よく預けられたとしても、別居中なので保育料は夫の収入が高ければ高い保育料が決まる(最近は調停中であることの書類などによって保育料を考慮する自治体もある)。

そのほか、世帯主が夫であるためにさまざまな不利益が出てくる。児童手当も、申請者は世帯主である夫であるほうが多いので子どもを育てていない夫のほうに支払われてきた。これは二〇〇九年に子ども手当制度になったときに別居中は子どもと同居している親のほうに出るように是正された。別居中の健康保険証問題は、健康保険証が個人単位のカード方式に移行してから改善された。就学援助を受けていたとしたら、それは世帯主の口座に振り込まれる。子どもの扶養控除は夫側にあるままのことが多い。

こうした別居中の不安定な状況におかれたひとり親がどのくらいいるのだろうか。二〇一一年全国母子世帯等調査で「夫からの遺棄」と答えている人は推計では〇・四%、約五〇〇〇世帯である。一方、児童扶養手当の受給者の中で「遺棄」という理由で受給している者は三二〇

○世帯あるが、この「遺棄」という理由で児童扶養手当を受給するためには一年以上、電話・手紙もないなど要件が厳しく、「別居中」のひとり親の中のごく一部である。一一年には約一三万六〇〇〇組の子どものいる夫婦の離婚があった(人口動態統計)。

自治体のひとり親向けあるいはシングルマザー向けの相談や講座では、このプレひとり親・プレシングルマザーの需要がもっとも高い。この人たちを相談や講座の対象から排除してはならない。

——今、別居して一年が過ぎました。その間、離婚にも応じてもらえず、裁判するにもお金がなく、生活費ももらえなければ、子どもを(税の)扶養にも入れさせてもらえない。そのため保育料も全額負担。主人の浪費のおかげで借金もあり、ほんとに苦しい生活をしています。

(三一歳、別居、非正規雇用)(『母子家庭の仕事とくらし②』)

——突然思いもかけず母子家庭となって、生活を毎日回していくのをどうしよう、今月はなんとか生きられたといった感じで綱渡りの日々となりました。私はまだ別居一年で(児童扶養)手当を受けていませんが、手当があればどんなに助かるかと思います。(中略)

体調も悪く、カウンセリングも受けながら心身の回復を図りつつ仕事を探していますが、正規雇用も難しいという現実に突き当たります。自身の年齢も高く、それゆえ子どもも進学という年齢でお金がかかります。

（五一歳、別居）（同右）

逃げたあとも大変——配偶者からの暴力

ドメスティック・バイオレンス（ＤＶ）は、「親密な関係において一方が他方を支配しようとして用いる、威圧的な行動パターン。身体的・性的・心理的・経済的虐待が含まれる」と定義されている（女性ネット Saya-saya『ＤＶ被害者支援マニュアル』）。

身体的暴力のみがクローズアップされる傾向があるが、実は、威圧的な行動による「支配」が深刻な影響を与え続けると言われる。

ＤＶが被害者にいかに大きな影響を与えるか。

逃げたあとも住所を隠し、名前を変えて生活しているひとり親が多く、職にも就きにくく経済的にも困難が待ち受けている。そのために、多くの女性たちがＤＶから逃げることをためらう。そして、精神的な回復にも長い時間がかかるのである。にもかかわらず、被害を受けた人や子どもたちに与える影響への対策はほとんどとられていないのが現状である。

1章で紹介したように、離婚理由に夫からの暴力があったことを挙げている人は半数近くにのぼる。背景には暴力に対する認知度が上がってきたこともあるだろう。

二〇〇一年に配偶者暴力防止法が成立したのち、〇四年の改正(子どもへの保護命令、滞日外国籍の女性への適用拡大)、〇七年の再改正(実家、支援者などへの保護命令の拡大、メール・ファクスなどの脅迫行為も保護命令対象に)、一三年の再々改正(生活の本拠を共にする交際相手からの暴力にも法の適用拡大)を経て、運用されている。警察によるDV認知件数は〇二年に一万四一四〇件であったものが一三年度で四万九五三三件と増加している(警察庁生活安全局生活安全企画課「平成二五年中のストーカー事案及び配偶者からの暴力事案の対応状況について」二〇一四年三月二〇日)。しかし、DV被害から逃れた後の自立支援策は手薄く、DV被害から逃れてきた女性と子どもたちの経済的・精神的な困難が続く。

続く多重的困難

東北の中核都市に住む杉沢恵美さんは、五人の子どもがいる四〇代のシングルマザーである。離婚が成立してから二年経っている。離婚の直接のきっかけは夫が子どもと自分に暴力をふるったことだったが、それ以前から経済的にも精神的にも追い詰められていた。

恵美さんは高校卒業後、地元の機械メーカーに正社員として勤務したあと、いわゆる「できちゃった結婚」をした。一九九〇年ごろのことだ。夫の両親は近隣で農業とアパート経営をしていた。夫は長男だったので夫の両親からの強い働きかけで同居することになった。薪で風呂を焚くのは「嫁」の役目で、入浴できるのは最後。帰りが遅い夫が入浴した後には体を沈める量の湯もなかった。最初の子が女の子だったら後継ぎの男を産めと言われた。義父母とのいざこざに関して夫は味方にはならない。夫は避妊に協力しないので、次々に子どもが生まれた。四人目の子どもの出産後、恵美さんたちは義父母の住む家から出た。

団地に転居すると、夫は「おまえのせいで家を出ることになった」と言い始めた。夫の給料は二二万円でなんとか暮らしていたが、夫が不正をしたと会社にいわれて解雇されてしまった。五人目の子どもが産まれた直後のことで、退職金も出なかった。転職先は結婚式の営業で三か月の給料保証のあと請負となり、契約が取れない月の収入は五万円となった。夫はサラ金に手を出して生活費を渡した。次の転職先でも夫の給料は一五万円でそれでは足りずに夜のパチンコ屋のバイトで補っていたが、「おまえたちのためにこんなに働いていられない」と言い出し、まもなく夜の仕事は辞めた。

子どもたちは学校の集金袋をもってくる。「お父さんに聞いてごらん」というと「あるわけないだろう」。子どもたちは涙目になった。夫が夜のバイトを辞めたので家計を補うために恵美さんが夜のレストランの仕事を始めた。家事育児を分担してもらおうと夜の子どもの世話は夫に任せた。しかし、逆効果だった。

夫はテレビを見ながら酒を飲んで寝てしまう。息子が父に意見を言って殴られ、それ以来不登校になって部屋に閉じこもってしまった。上の娘には言葉で冷やかした。娘は髪の毛をむしり円形脱毛症になった。夫は子どもたちのお年玉を貯めた貯金箱にも手を出した。

ある日、夫は息子に腹を立ててつかみかかった。息子は首をつかまれて叫び、助けようと入った恵美さんも殴られた。子どもは警察に電話し、来た警察に夫は現行犯で逮捕された。

恵美さんは二〇〇一年に制定された配偶者暴力防止法（DV防止法）のことを知らなかった。それでも弁護士を探し婚姻費用をもらう調停を始めた。調停委員は彼女の離婚の意思も生活費の必要も理解してくれなかった。「あなたはそんなに夫からお金をもらうことばかり考えないで自分の足で歩くことを考えなさい」と言われた。

裁判を行い、二年後に判決で離婚と養育費について決まった。

やっと離婚は成立した。でも恵美さんと子どもたちの困難は終わらなかった。

離婚後、半ひきこもり状態だった上の息子がある日、姉の言葉に腹を立て、彼女を殴った。

止まらなくなり、ひどく殴った。きょうだいの中で力の強い子が下の子をいじめることもあった。恵美さんは別に家を借りる余裕がないので部屋だけを別にして暮らさせている。

恵美さんは子どもたちのケアをしてやりたいと思ってフルタイムで仕事をしていない。だが、暮らしていくのにお金は足りない。市の母子家庭等就業・自立支援センターに行っても在宅の仕事はみつからない。生活保護は自動車を手放さないと認められない。この地域で自動車なしに暮らすことは不可能だ。以前申請に行ったときに高校生以上の子どもたちにアルバイトをさせなさいと言われたのもひっかかって申請できない。

DVの子どもたちへの影響

ドメスティック・バイオレンスの被害を受けた子どもたちへの影響に少しずつ注目が集まってきている。私は専門家ではないので、そのメカニズムを詳細にのべることはできない。しかし、DVから逃れたあとに、子どもたちが不登校になったり、体調が悪化したり、逆に暴力が出始めて苦しむ母親たちの悩みを聞いている。

児童虐待防止法には、配偶者への暴力も子どもに対する児童虐待であると明記されている。DVにさらされている子どもたちへの影響については、さまざまな調査や研究成果が発表されるようになっている。大人は子どもたちがＤＶを目撃しないようにしていたと思うかもしれないが、その家庭に漂う緊張感はＤＶが起こっていないときでも子どもたちを苦しめているのである。ＤＶ被害家庭に育った子どもたちはトラウマを抱えてしまう。「複雑なトラウマの影響としては、①感情調節障害、②対人関係困難、③自尊心の問題、④自傷的行動などが挙げられる」「ＰＴＳＤ（心的外傷障害）は、安全が確保されて初めて発症する……なるべく考えないように、思い出さないように記憶を押し隠すので、解離や抑圧が生じやすい」（白川美也子「ＤＶにさらされた子どもの影響」二〇一三年）。また体調にも大きな影響があることが指摘されている。

さらにＤＶ被害を受けた子どもたちが、大人になり暴力の加害者となる可能性もある。これを「暴力の連鎖」という。だが注意してほしい。すべての人がそうなるわけではなく、多くの被害者は加害者にはならずに平和な家庭を築いている。そのためにも子どもの支援が必要なのである。

最近、ＤＶにさらされた子どもたちのための支援プログラムも始まりつつある。

私は二〇一三年、女性ネットSaya-sayaが開発したＤＶ被害を受けた母親と子どもたちのための心理教育プログラム「びーらぶ講座」のインストラクター養成講座を受講した。親と子どもが少人数で別々にワークを中心に、「あなたは大切なかけがえのない人」「怒りは大切な感情だけど「暴力」以外の方法で伝えよう」など平和で対等な関係を築いていくことを学ぶプログラムである。また他にも、こうしたプログラムが実践されつつある。しかし、恵美さんの住む地域にはDV家庭の子ども向けのプログラムはない。恵美さん自身にもDV後のケアが必要だ。しかし、彼女の肩には五人の子どもたちを育て上げなければならないという重圧が重くのしかかっている。最近、元夫からの養育費も途絶えた。

モラル・ハラスメントから逃れて

恵美さんの場合は夫が長男として「女は男のいうことを聞くものだ」という家父長的な意識が強く、家事も育児もしない男性だった。しかし、一見、男女平等意識があり家事育児を担っていた男性からもDVはありうる。

離婚後六年、派遣で英語を使う仕事で暮らす山中由美子さんは、二〇年前、趣味が同じで経済的にも安定している男性と結婚した。DINKS希望の夫だったがまもなく子どもが生まれ、由美子さんは専業主婦になった。

「紳士的でやさしいし、仕事はするし、妻にも尽くすし、家事はする、遊びには連れて行く、プレゼントはする。でも囲っておいて、自分の言いなりにさせる。表面的にはいい旦那さんということになるんでしょう。自分もそうだと思っていた」と由美子さんは言う。

「徹夜明けで帰ってきて、大変だから外食行こうかとも言ってくれた。家事をやらせるよりは自分の相手をしてもらいたいという人だった」

由美子さんに対して、化粧はダメ、美容院に行くのはダメ、服を買ってもいけない、おしゃれもいけない、友達とも会ってはいけない、実家に帰ってもいけない、外部との接触をもってはいけない、と夫は言い、由美子さん自身もそれがおかしいと思えなかった。こうした支配をモラル・ハラスメントと言う。

意見が合わなくて逆らうと夫が激昂して手を出した。年に一回くらいだったが、暴力がないときも支配されているような気持ちになった。

バブル崩壊直後、夫も家庭で過ごしたいと思ったのか、希望退職した。それまでの仕事は会社の出向で子会社で働いており、給料はよかったが、それ以上の行き場はなかった。仕事を辞めてから、定職に就かない時間が過ぎた。ネットワークビジネスをやってみたが当たらなかった。

経済的に立ちいかなくなってきて、家を処分して由美子さんの母親の家に引っ越した。由美子さんは、母親の家に戻ってからだんだん自分自身を取り戻すことができた。

夫は「(家を売るなど)こんなことになったのはおまえのせいだ。親族が養え」と言うようになっていった。

夫による長男への暴力もあった。殴られたあと子どもがうらめしい顔で父を見る表情に「もう子どもにこんな顔をさせてはいけない、離婚しかない」と思った。

「夫は「子どもを殺して心中する」と言いだした。子どもの命に害を及ぼすような人とはもう離婚しかないと思った」

調停で婚姻費用を取り決めても支払わない夫に対して裁判を起こしてやっと離婚が成立した。

由美子さんは自分の親の家に帰ったことで、親族も応援してくれたので、回復できた。一時期は「おまえはダメな女だから俺くらいしかお前を相手にしない」という言葉を信じて自己尊重心が低下してしまっていた。由美子さんは、自分の人間関係が回復するに従い、その言葉を信じなくてもよい、自分に価値があることを信じられるようになっていった、と語る。

精神的な暴力を受けてきたと話す女性が増えてきている。身体的な暴力よりも影響は小さいと思う人もいるかもしれないが、心への影響は深い。

二〇一三年五月、相模原市で、別れた夫からの元妻への傷害事件が起こった。元夫は子どもの目の前で妻を切り付けた。夫から逃げて住所を隠して生きている多くのサバイバーにとって、恐怖を実感する事件だった。

非婚シングルマザーの排除

シングルマザーの中には、八・七％の非婚のシングルマザー（二〇一六年全国ひとり親世帯等調査）がいる。

「妊娠八か月だが子どもの父親からは連絡もない。どうしたらいいのでしょう」

ある日、妊娠中の女性から相談の電話がかかってきた。交際していた男性から連絡がないままだという。妊娠八か月ではさぞ不安だろう。事情を聞き、いろいろな手立てがあるから応援する、と伝えた。やがて子どもが生まれた。病院に行って彼女にまず「おめでとう」と伝えた。このひとことが大切なのだ。

出生届、児童扶養手当の申請に同行。彼女はとりあえず雇用保険が入るというので、収入が一〇万円以下になるのを待って、生活保護を申請。子どもが一歳になる前に、事務職で働き始めて生活保護は辞退。その後一度会社の社長からのセクハラを受けて体調を崩して転職したが、現在は介護分野でケアマネジャーとして活躍している。

日本社会は結婚しないで子どもを産んだ女性に対してペナルティーをかけ続けてきた。以下では三〇年前からの歴史をひもといて、差別と一歩一歩の是正の動きを追ってみよう。

「「おめかけさん」だから」と児童扶養手当からの排除案

一九六一年の児童扶養手当法成立時からいわゆる「未婚の母」は支給対象となっていたが、離婚母子家庭と扱いは異なり、児童扶養手当法四条の「イ 父母が婚姻を解消した児童、ロ 父が死亡した児童、ハ 父が政令で定める程度の障害の状態にある児童、ニ 父の生死が明らかでない児童、ホ その他イからニまでに準ずる状態にある児童で政令で定めるもの」の中で最後のホの要件にあてはまるものとして支給されてきた。当時の児童扶養手当法案に対する審議の結果、衆議院では「一、政府は、本制度の実施にあたっては、その原因のいかんを問わず、父と生計を同じくしていないすべての児童を対象として、児童扶養手当を支給するよう措置すること」と付帯決議を上げ、その結果参議院の審議ではいわゆる「未婚の母」を「遺棄」などとともに対象とする政令を定めるということになった。いわば離婚母子家庭よりも扱いは軽く、厚生大臣の定める政令によって左右できる存在であった。

そもそも離婚母子家庭が無拠出制の母子福祉年金の対象とならず、別途児童扶養手当法を定めたという経緯を考えれば、母子家庭への現金給付の在り方にも「死別」「離婚」「非婚」という、母子家庭になった理由による格付けが厳然とされてきたのだと言える（父子家庭はさらに埒外であった）。それは「家制度」の残滓とも言えるものだった。

「未婚の母」の扱いの不安定さは一九八〇年代に児童扶養手当法改正案の議論で浮上する。政府は一九八四年、「児童扶養手当を未婚の母には支給しない」という法案を国会に提出した。当時、シングルマザーの急増による児童扶養手当支出の拡大を受けて、①所得制限に二段階制を導入する、②所得制限を下げる、③高額所得の夫がいる場合支給しない、などの「改正」案に加え遅れて提出された。

当時の厚生省は自治体向けの想定問答集を配布し、その中に出てきた「おめかけさん」という文言があった。

「なぜ未婚の母には児童扶養手当を支給しないのか」という問いに対する回答として、「「未婚の母」とは、結婚をしないで子どもをつくった女性のことですが、このような女性には、実際には、夫なり、子の父親に当たる人がおられる場合が多いので、今回の改正で受給をご遠慮いただくこととしたのです。現在の制度でも父が子を認知すれば、支給対象になっていませんし、いわゆるおめかけさんまで税金による手当が受けられることについて、これまでいろいろと批判もありましたので、今回改めることにしたのです」「「未婚の母」を支給対象から除外しても法の下の平等や児童の人権問題とは関係ありません」（一九八五年三月三〇日、参議院予算委員会で吉川春子参議院議員に対する小島弘仲政府委員の答弁からの抜粋）。

当時厚生省は「おめかけさん」「二号さん」という言葉を非婚シングルマザーに公的な場でも使っていたということだ。女性議員らはこのことを人権侵害であるとして国会で繰り返し問題にしたが、結局この説明を記載した問答集は撤回されることはなかった。

つねづね思うのは女性が福祉の受給者になるには、単に貧困であることでは不十分なのである。「(扶養する)男性が不在」でなければならないのだ。その意味で「非婚シングルマザー」は「離婚シングルマザー」よりも、離婚による「男性の不在」を証明しにくいため、常に厳しいチェックを受けてきたと言える。

一九八五年、非婚シングルマザーだけを児童扶養手当の受給対象外とする案は国会で修正され、所得の二段階制による減額措置などが導入された。

余談ではあるが、児童扶養手当の申請時に提出する調書は、別居中に夫から遺棄されている場合には「遺棄調書」と言われていたが、一九九〇年代に「第1号調書」となった。同じく「未婚の母の調書」という調書があったが、これは「第3号調書」となった。第2号調書は存在しない。どのような経過で第2号調書がないのかはわからないが、「二号さん」のイメージを避けたのではないかと推測している。

認知による支給停止

児童扶養手当は、非婚シングルマザーが受給者の場合、子ども(婚外子)が父親から認知を受けると、受給資格を失うことになっていた。これは「認知すれば扶養する意思を示したことになる」という理由からであった。しかし、認知されても実際に扶養されるとは限らない。離婚シングルマザーの場合は父親がいても受給できるので、離婚と非婚のシングルマザーの扱いの差は明らかだった。

一九九二年、東京都に住む女性Aさんは日本弁護士連合会(日弁連)に人権救済申立てをした。Aさんは妻子と別れて結婚するという子どもの父親の言葉を信じて、妊娠・出産した。子どもの父親は離婚してAさんと結婚するつもりはなかった。認知請求をして認知はすることになったが、そのときにAさんは困ったことに直面した。児童扶養手当は認知を受けると支給停止になるのだ。子どものためには父親を知る権利は必要である。だが児童扶養手当も経済的に必要だ。どうしたらいいのか……。Aさんは認知による支給停止は人権侵害だと日弁連に人権救済申立てをしたのである。そして九三年、人権侵害の是正の勧告が日弁連から自治体と国に出された。

Aさんに続いて人権救済申立てをする女性が現れ、さらに奈良で同じような非婚のシングルマザーが児童扶養手当の認知による支給停止について裁判を提訴した。奈良地裁では一九九三年「認知による児童扶養手当の支給停止を定めた児童扶養手当法施行令は憲法違反である」という判決が出された。婚外子の相続分差別に関し違憲判断が東京高裁で出された数か月後だった。翌年大阪高裁では敗訴。しかし、九八年、厚生労働省は認知による支給停止を定めた児童扶養手当法施行令を改正した。その後最高裁で児童扶養手当法違反という判決が下り、認知による支給停止を受けた人に対して、児童扶養手当の遡及支給が行われた。一つの差別が是正された。

非婚のシングルマザーの現状

非婚のシングルマザーはこの三〇年間、増加傾向にあるが、日本での婚外子の出生率は二・二%である(二〇一二年人口動態調査)。フランス、スウェーデンなどの五〇%を超える婚外子の出生率に比較すると非常に少ない。

二〇一一年の全国母子世帯等調査で、はじめて非婚のシングルマザーが死別のシングルマザーよりも数が多くなった。推計値ではあるが非婚シングルマザーは九万六五〇〇世帯、死別シングルマザーは九万二八〇〇世帯となったのだ。しかし、非婚シングルマザーの平均年間就労収入は一六〇万円で、シングルマザー全体の平均である一八一万円を下回っている。

結婚しないで子どもを産むということにはさまざまな事情がある。①子どもの父親と結婚を約束していたが妊娠中に子どもの父親が去っていった、②最初から子どもの父親と一緒になろうとは思わなかった、③父親側が結婚していて結婚できない、などがよくある例だ。③の場合には、相手が婚姻関係にあるのに、婚外で関係ができることが不道徳である、といった烙印が押されがちである。たしかに子どもの父親の妻にとって、それは非常に不愉快な状況である。しかし、だからといって子どもに不利益を負わせることが解決策なのだろうか。日本の法律は婚姻外で生まれた子どもにさまざまな不利益を負わせることを、法律婚を保護するためとして正当化してきた。

また不利益を受ける当事者がなかなか声をあげづらかったために放置されてきた。しかし、Aさんのように非婚シングルマザーや、あるいは婚外子の当事者で声をあげる人が増えてきた。

欧米では婚外子と婚内子の相続分の平等化がはかられ、フランスでも二〇〇一年に配偶者がいる者との間に生まれた子への相続差別が撤廃された。日本でも二〇一三年、婚外子の法定相続分は婚内子の半分であると定めた民法九〇〇条四項但書は憲法違反であるという判決が出され、法改正がやっと実現した。改正前の民法を根拠に、戸籍の続柄や住民票の続柄の差別があったが、粘り強い裁判があってこれもすでに是正されている。

寡婦控除が適用されない

さらに非婚シングルマザーには税制上の差別もある。「寡婦控除」という死別ひとり親や離婚ひとり親に適用される所得控除が(婚姻歴のない)非婚シングルマザーには適用されないのだ(図表2-1、2-2参照)。同じ非婚の母でもそれ以前に結婚歴があれば適用される。ここでも「死別」「離婚」「非婚」による差があることがわかる。

沖縄に住むBさんは、結婚しないで子どもを産んだ。公営住宅に住むようになったある日、「寡婦控除が適用されないので所得がオーバーしている」と言われ、離婚であれば同じ収入でも十分住み続けられた公営住宅を出なければならなくなった。

同じ収入でも寡婦控除が適用されないと、ある市では税、保育料などにより年間で負担額には二〇万円以上の差が出る(図表2-3参照)。寡婦控除はもともと戦争未亡人の生活困窮を救済するために一九五一年に創設され、その後子どもを扶養していなくても死別には適用されるよ

図表 2-1　寡婦控除の適用表

		母子世帯			父子世帯		
	所得	死別	離婚	非婚	死別	離婚	非婚
扶養親族あり	500万円以下	◎	◎	なし	○	○	なし
	500万円以上	○	○	なし	なし	なし	なし
扶養親族なし	500万円以下	○	なし	なし	なし	なし	なし

（注）◎は特定の寡婦控除の適用あり．○は一般の寡婦控除の適用あり．
「非婚の母，父」とは婚姻歴のないひとり親の母，父のこと．

図表 2-2　所得税と住民税の寡婦控除額

	所得税の控除額	住民税の控除額
一般の寡婦控除	27 万円	26 万円
特定の寡婦控除	35 万円	30 万円

うになり、死別ひとり親、離婚母子父子にも拡大されてきた。私たちが大蔵省（一九八八年当時）に「なぜ未婚の母には適用しないのか」と聞いたところ「覚悟してお産みになったから」と答え、また子どもが成人し扶養しなくなった死別の女性へ適用している理由については「亡夫の親族との交際費、線香代である」と答えたのが強く印象に残っている。

二〇一四年、日弁連が税制改正の意見書を財務省あてに出しているほか税理士会の支部からも是正の意見書が出されている。そして、二〇一八年度から厚労省は非婚のひとり親に対し、二五施策において寡婦（夫）控除のみなし適用を全国で実施することとした。

非婚で子どもを産んだある女性は、家族の援助

図表 2-3　住民税・所得税・保育料・市営住宅家賃の差
給与収入額 201 万 4770 円(月収 167,900 円のシングルマザー),
×××市在住, 子ども 2 歳, 市営住宅入居の場合 (円, 2012 年現在)

	納付総額	住民税	所得税	保育料	家賃
非婚シングルマザー	456,200	63,100	28,300	128,400	236,400
離婚シングルマザー	247,200	0	10,800	0	236,400
差　額	209,000	63,100	17,500	128,400	0

がまったく得られなかったため、出産後乳児院に子どもを預け、毎週母乳を飲ませに通いながら、産後住む家と仕事探しをした。さいわい彼女は仕事をみつけ、転職など何回かの危機をくぐりぬけて、子どもを育てている。

婚外子の結婚差別の体験者もまだいる。学校や保護者会などでも事情を話しにくいので孤立しがちとなる。

増える再婚

東北の若いシングルマザーの会に参加したら再婚の話題で盛り上がっていた。再婚——経済的にも困難を抱え、さらに人手もないのなら、再婚すればいいのでは、と思う人は世の中には多い。ひとり親のための婚活サイトやイベントも増えてきた。

逆に、母子家庭支援を行っていると、結婚相手を求めるシニア男性や、息子の結婚相手を紹介してほしいという相談の電話がかかってくる。

一方で、母子家庭は清く正しく、恋愛などはもってのほかである、子育てに専念しなければならない、という文化が脈々と母子福祉の現場にはあるようだ。ある都内の母子家庭や子どもを育てあげた高齢シングルマザー(「寡婦」と呼ばれている)の集まりに出かけたところ、「私は男になったと思って必死に働いてきた」という女性が何人もいて「そうやって苦労されてきたんだなあ」と思った。

しかし、離婚母子家庭が徐々に増えるにつれ、母子家庭の母親が恋愛することも忌避されることではなくなってきたと思う。二〇一〇年に結婚した約七〇万組のうち、夫または妻が再婚である結婚の割合は二五・六%で増加傾向にある。四組に一組は再婚である。それでも、子連れ再婚をするには、かなりの覚悟が必要だ。

【再婚した洋子さんの場合】

浜島洋子さんは中学生になった娘が、「お父さんがいたほうがいい」と言うので、婚活を始めた。最初はそんなに強い意思があったわけではなく、「婚活したけどだめだったねー」というぐらいのつもりで結婚紹介所に登録した。条件は「娘のことを考えてくれる人、個性的な娘を受け入れられる人、生活力のある人、人間的に信頼できる人」だった。何十人も紹介され、八回目に会った人を洋子さんも好きになり、結婚を決意するようになった。誠実で、仕事は責任ある立場で働いており、なによりまじめで嘘をつく人ではないというのがわかったからだ。

しかし、洋子さんの再婚はジェットコースターに乗っているように波瀾万丈だった。娘の意向もよく聞き、再婚相手の努力もあって娘と彼の関係も良好と判断し、引っ越しなど綿密な計画も立てて再婚に踏み切ったつもりだったが、実際には計画通りにはまったく行かなかった。娘の高校進学とも同時並行で新しい家に住み始めたために娘にも再婚相手にもかなりのストレスがかかった。娘の不登校、親との約束を破って夏のスクールのあと家に戻らず行方不明となったこと、その後の継父と娘の対立、娘の家出。洋子さん自身、悩みに悩んだ。再婚から一年、娘と再婚相手が一緒に暮らすのは無理という結論を出し、娘はサポートしてくれる大人をみつけてそこに住み、新しい学校にも通い始めた。

「もう少し時間をかけていけばよかった。色々考えたはずだったがまだ足りなかった」

継父と一緒に暮らしてはいないが以前よりだいぶ歩み寄りのきざしのある娘とやりとりをしている洋子さんはこういう。

新川てるえさんは子連れ再婚した経験を『継母ですが？　もう一つのシンデレラストーリ

ー』(エンターブレイン、二〇一三年)にまとめている。双方が子連れであればその困難はさらに二乗となる。新川さんは二つの家族の同居生活は数日経たないうちにさまざまなトラブルにぶつかることになったという。そして、継母となった体験をもとに継子を愛せない自分を責める必要はない、と励ます。

再婚は離婚するよりもエネルギーのいることもあるかもしれないのだ。

高齢シングルマザー

子育てが終わったシングルマザーはその後、どのような生活をしているのだろうか。

原田典子さんは、七五歳。息子さんは四二歳と三九歳で、同居している。

四十数年前、三二歳で会社員と結婚、その後すぐ二人の男の子が生まれた。結婚前は印刷屋で働いていたが、結婚後仕事を辞めた。しかし夫との生活が息苦しくなり離婚したいと思うようになった。転勤で単身赴任した夫が戻ってきたときに「一緒に住みたくない」と言った。夫はなかなか離婚に応じてくれなかった。生活費を渡されなかったこともある。その間に結婚前にやっていた印刷業で働こうと決め、写植の仕事を始めた。自治体の母子寡婦福祉資金貸付金の開業資金を借りて機械を買った。五年後にやっと離婚届が送られてきた。

当時、写植の仕事は女性が自営でやる仕事としては稼ぎがよかった。だが写植の機械は高く、文字盤も書体を増やすごとに一〇万円かかった。ものすごく働いた。よく自家中毒を起こす息子の枕もとに洗面器を置いて得意先に納品に出かけたこともある。

「もっと子どものめんどうを見てやればよかったと思う」と典子さんは振り返る。

しかし一九九〇年代中盤に印刷業界にも革命がやってくる。パソコンによる版下作成だ。典子さんはパソコンでやることにして、機械とソフトをそろえた。

「一〇〇〇万円は設備投資したと思う。がんばって、教えてくれるところに聞いて」

上の息子は高卒で就職、IT業界の仕事に就いた。終電に間に合わなくてタクシーで帰ることも多かった。体調が悪くなって仕事を続けられなくなった。下の息子は大学受験のころから精神的につらくなってきたようだ。「誰かが悪口を言っているとか、幻聴が出てきた」。就職したが継続できず、その後、障害年金がもらえるようになった。

典子さんは得意先の経営破綻で、回収できない売り上げが出てきて支払いができなくなり、借金を抱え、その後自己破産した。借金の事情を人に言えなくなって孤立した。

現在は、典子さん自身が国民年金を満額六万七〇〇〇円もらっている(厚生年金は一時金受給済み)ので、息子の年金と合わせると一三万円くらい。それでは一二万七〇〇〇円の都民住宅の家賃と生活費が払えない状況だ。

典子さんのように、一生懸命働いても、子どもが成人したあとのシングルマザーの暮らしはぎりぎりだ。最近になって、生活保護を申請してきたという報告が典子さんからあった。

三人の子どもの進学のために借りた母子寡婦福祉資金貸付金の修学資金と就学支度資金を一か月に約八万円返済し続けている高齢シングルマザーもいる。この母子寡婦福祉資金貸付金の滞納金額がどの自治体でも増加している。千葉県では、滞納額が三億四〇〇〇万円を超えたことが報道された(『千葉日報』二〇一三年一一月三日付)。同県は、「経済状況が厳しく生活に困窮する母子家庭や寡婦が増えているのでは」と分析している。

この母子寡婦福祉資金の貸し出し償還の業務に当たっているある母子自立支援員は、「償還業務がつらい。滞納している母親の子どもへ連絡を取ったところ、貸付金の利用を知らなかった子どもと親の縁が切れてしまった」と発言していた。経済的な困窮は親子や人の縁を切る(最近はこの貸付金を貸すときには子どもにもサインさせるようにしている)。

日本は高齢女性の貧困率が高く、六五歳以上のひとり暮らし女性の貧困率は五二%と、二人に一人が貧困である(二〇〇七年男女共同参画会議資料)。次に高いのがひとり親と未婚の子どもたちの世帯である。そのなかでも、遺族年金を受け取れる死別シングルマザーより、離婚して子を育ててきた低年金、あるいは無年金のシングルマザーの困窮が特に大きな問題になるのではないだろうか。

＊

これまでひとり親の苦労を紹介してきたが、その中でどのようにシングルマザーが生き抜いているのかというのも紹介していきたい。

伊田由香さんは子ども二人を連れて離婚後、殻に閉じこもり誰にも相談できない時間が長かった。親にもこれ以上迷惑をかけられないと相談できなかった。でも子どもたちの学校が始まる時期に体を引きずるように男女共同参画センターの相談窓口に行ったという。そこで初めて話を聞いてもらい、少しずつ前へ進んでいけた。伊田さんはその後ダブルワークをしていたが震災で仕事がなくなった。相談関係の仕事で自分の経験を生かしたいと思ったときに仮設住宅の見回りの仕事を見つけた。現在は同じＮＰＯで就労支援の仕事に就いている。「過去に地獄を見てきたと思う。でも、今こうやって子どもたちと幸せに暮らしている。だから子どもを抱えてつらい体験をしている方たちに何かで役に立てればと思う」

つながりをつくろうと動き始めているシングルマザーもいる。四国に住む野中玲子さんは夫の借金とそこからくるウソに耐え切れず、小学生と二歳の子どもを連れて離婚した。三一歳のときだった。子どもと父親とはその後も会っている。手に職をつけようと、シングルマザー向けの就労支援を利用して大学に通い保育士と社会福祉士の勉強をした。「離婚して自由になってしあわせだったが、まさか私がこんな訓練費をもらえるわけがない」と思っていた。だが、アドバイスしてくれる知人がいた。高校の成績を知っている先生が驚くほど大学ではいい成績で賞をもらった。資格取得後はスクールソーシャルワーカーと事務の仕事をしている。やりがいはあるが実は収入は少ない。それでも困っている子どもたちやシングルマザーがふらっと立ち寄れる場をつくりたい。現在は二か月に一回シングルマザーの交流会を開催している。

二人とも相談をきっかけにその先の道をみつけることができた。シングルマザーになったときに相談先があったか、知り合いからどんなアドバイスを受けたかによってもその後の仕事や生き方が違う。だからこそ相談機関や同じ立場の人たちと出会える居場所つくりが大切である。

3章

スタートラインからの不利
——ひとり親の子どもたち

子どもたちから見てひとり親家庭の暮らしとはどのようなものなのだろうか。

これまで、主にひとり親家庭の経済的な困難について触れてきた。育つ家庭が貧困であることにより、子どもの学習にも影響が及び、成長してからの貧困につながるというデータがある。そうした統計上のデータの裏にある子どもたちの暮らしをインタビューなどからできるだけ子どもたち自身の生の声を通して追ってみたい。シングルマザーとシングルファーザーの家庭の子どもたちが遭遇する困難や生き難さはそれだけではないように思う。

一人で過ごす子どもたち

まず気になるのは、ひとり親の子どもたちは子どもたちだけで過ごす時間が長いことだ。

――学童〈クラブ〉から六時くらいに帰ってきて、ずっとテレビ見て、お菓子とか食ってた。八時にお母さん帰って来てからご飯…だから、なんか夜遅かったですね、寝るのも遅いし、そうなると朝起きれないいし。しょっちゅう遅刻してましたね。小学校のときは。〈中略〉お菓子食べて、部屋ちらかして怒られて。家帰って来たらさんざん怒られ、毎日繰り返してた。仕事で疲れて帰って来て、部屋が汚れてて、そりゃ怒るかな、と思う、今思えばですけどね。〈怒られて〉泣き寝入りしたこととかしょっちゅうでしたね。

〈岩川祐介さんへのインタビュー〉〈『母子家庭の子どもたち』〉

シングルマザーの母親に育てられた一八歳以上の若者たち一七人に子ども時代を振り返ってもらってインタビューした。その中のひとりである。学校に行き、放課後は学童クラブで過ごし、そして家に帰り、鍵を開けて家の中に入る。母親はまだ仕事から帰ってこない。あと二時間は子どもたち二人だけだ。テレビを見たり自由に過ごすのは楽しくもある。八時に疲れて帰ってきた母親は急いで夕食の支度をして食べさせ、子どもたちをお風呂に入れる。でも寝かせるのは遅くなる。当然朝はなかなか起きられない。朝ご飯も食べられない。学校に遅刻する。彼は小学校高学年になって朝起きられるように、忘れ物もしないようになった、と言う。

前章でも伝えたとおり、ひとりで生計を維持しなければならない、ひとり親の就労率は八割以上と高く、多くの親は働いている。だが、フルタイムで働けばそれなりに帰りは遅くなる。

残業など断りたくても断れないこともある。1章でも触れたように仕事中心の生活にならざるを得ない。子どもたちと過ごす時間も十分にない。

シングルファーザーは特に子どもと接する時間が少ない。末子が一八歳未満のふたり親世帯及びひとり親世帯(各二〇〇〇世帯)に生活状況を聞いた調査がある。この調査で、「平日のふだん一日あたり何時間程度(睡眠時間を除く)子どもと一緒に過ごしているか」を聞いた結果、「二時間以上」と回答した保護者の割合はふたり親世帯で八九・九%、母子世帯で八一・九%、父子世帯で六五・五%となっている。そのうち、子どもと一緒に過ごす時間が「一時間未満」あるいは「全くない」と回答した父子世帯は一九・〇%となっている(周燕飛「子どものいる世帯の生活状況および保護者の就業に関する調査　世帯類型別にみた『子育て』、『就業』と『貧困問題』」二〇一二年)。

全父子連の片山知行さんは、離婚後も運送会社の営業所長を辞められず長時間労働を続けながら子どもを育てていた。子どもを片山さんの両親の家に預けていたのだが、子どもたちから「お父さんと一緒にいたい」と言われて夕食をつくりに戻って子どもと過ごしてからまた仕事に戻り、配車する生活を続けたという。買い物は仕事中にスーパーに行ったりした。それでも心身症のようになり、顔がけいれんを始めたという。うつ状態になりそうになりながら、三年

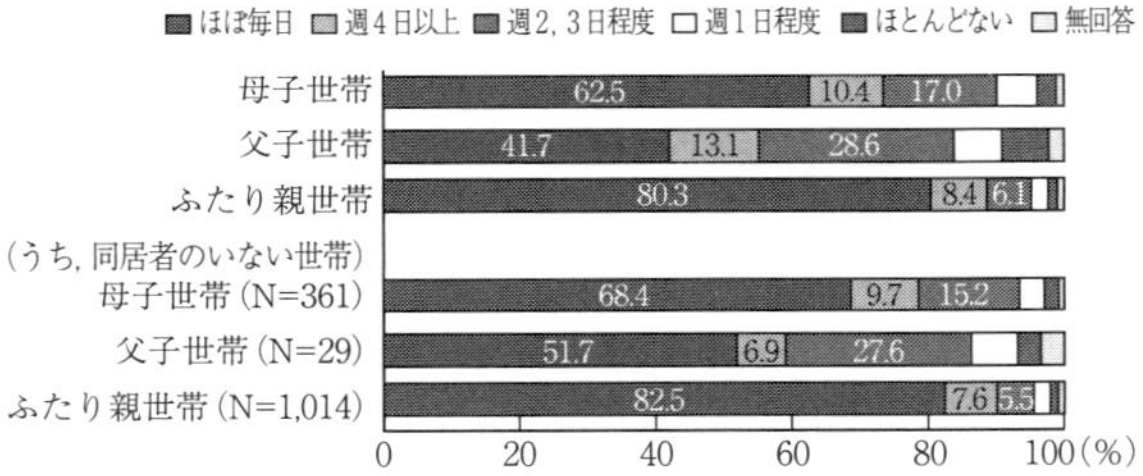

(注)父子世帯における孤食児童の問題は比較的深刻.
母子世帯でも「ほぼ毎日」は6割程度.
(出典)周燕飛「子どものいる世帯の生活状況および保護者の就業に関する調査　世帯類型別にみた『子育て』,『就業』と『貧困問題』」2012年, 独立行政法人労働政策研究・研修機構.

図表3-1　子どもと一緒に夕食をとる回数(単位：%)

間仕事を続けた。

「孤食」も多い。同じ調査で、週に何回子どもと一緒に夕食をとっているのか聞いたところ、父子家庭では「一緒に夕食をとることがほとんどない」が七・一%である(図表3-1参照)。

つまり、この国でひとり親家庭で育つということは、保護者がひとりである、ということだけを意味するのではない。ひとりしかいない保護者が仕事中心の生活をせざるをえないために、子どもは親と接する時間も限られ幼いときから長時間ひとりで過ごさねばならないということなのである。

小学生ともなれば、親が仕事で忙しいと夕飯の支度を含め、子どもに頼むこともある。家事を担う子どもたちも多い。

――母親が不規則な仕事をしていて、つまり一日仕事して、一日休みで、また一日仕事して、そういう感じでした。うちにいるときは一日中寝ているわけです。だから食事とかも自分と姉とで作って食べていました。

（林大樹さんへのインタビュー）（同右）

小学生のとき母親の帰りが遅く祖母の家で夕食を食べていた大川春奈さんは、小学三年生で祖母が倒れ続いて祖父も亡くなってから母との二人暮らしで家事をするようになった。大川さんは、小学生のときは家事をする自分が自慢だった。

――小学校のとき、母子家庭っていうことが自慢やってん。T（母親）が忙しいから家のことせなアカンとか、夜一人でも平気とか、自慢してた。一番覚えてるのが、小学校低学年ぐらいのときに、作文に「今日の朝ご飯はポッキーでした」って書いて参観日に発表したこと。わしにとっては自慢で、鼻高々で読んでんけど、Tは恥ずかしかってんて。朝一人で起きて朝ご飯ないからポッキー食べて学校行くなんて、めちゃカッコイイやん！って思った。でも友達はそれが自慢やなんて思ってくれへんで、わしの前ではお父さんの話題は出さんとか、変な気使ってた。それがイヤやってんけど、心のどっかで「あんたらにはわからん世界やろ」って笑ってたわ。

（大川春奈さんへのインタビュー）（同右）

ひとり親の子どもたちは「かわいそう」と気を使われるのをいやがる。大川さんはポッキーの朝食を自慢できるような肯定感を持っていたが、いつまでも主婦の役割は担えない。中学生になると友達と遊びたくなった大川さんは母親にも怒りをぶつけるようになる。母親は大川さんと話し合って、高校になったら独立してもいいと伝えた。

子どもたちがひとりで過ごすということで気になるのは、人とのコミュニケーションが少ないということである。

親と過ごす時間が少ないためか生活習慣が身についていない子もいる。「一日二回以上歯みがきをする」はふたり親世帯（実父と実母）では六八・八％となっているが、ひとり親世帯では五五・四％となっている。また、ひとり親世帯では「時々歯みがきをする程度」が九・一％に達している（「親と子の生活意識に関する調査」二〇一一年）。虫歯予防や健康の面でも問題だが、さらに清潔や匂いを気にする風潮は時代とともに強くなっている。生活習慣の違う子どもたちが排除される原因にもなることが危惧される。

もっとも困るのは病気のとき

ひとり親にとって子どもが病気のときに休めないというのは大きな葛藤となる。

——仕事をしていると子どもが病気のとき、とても困ります。(中略)病児保育室がある保育所も一日の定員が決まっており当日にならないと預かってもらえるかどうかわからないという現状です。母子家庭で子どもが熱を出して仕事を欠勤すると、子どもがいるとこれだから困る、というようなことをまわりの人たちから言われ肩身の狭い思いをします。

(三四歳、離婚、パート・非常勤)(同右)

休めば、会社内での風あたりは強くなり、最悪のときは仕事を失うことになる。

——自宅から三〇分ほどのところに月給二五万円という、事務職にしては高給の仕事をみつけた。(中略)雇い主が四人の子持ちだったこともあり、「子どもは熱を出すものだ、何かあったら子どものほうを優先しなさい」とまで言ってくれた。「残業はさせない」と

も言われ、隔週土曜出勤はあったがそのことを除けば通勤時間も給料も、残業なしというのも魅力的だった。（中略）

勤め始めてから半年後、子どもが熱性けいれんをおこした。それまでたびたび保育園からの呼び出しがあったり、熱を出したりして保育園を休ませなければならないこともあったのだが、そのたびに病児保育室を利用し、丸一日欠勤することはなかった。だが、今回ばかりはさすがに四〇度近い熱を出してプルプル震えて病院にかつぎこまれた一歳の娘をおいて仕事に行くことはできず、事情を話して二日欠勤したら、二日目の夜に電話があり、「明日から来なくていい」と言われたのだ。「目の前が真っ暗になる」というのはあのような状態を言うのだろう。

（『シングルマザーに乾杯！』）

やがて子どもが小学生になれば、子どもをひとりで寝かして仕事に出る親が多い。しんぐるまざあず・ふぉーらむの母子家庭の子育て調査では、子どもが病気のとき、仕事はどうしているか聞くと（複数回答）、「自分が仕事を休む」五八％、「親に頼む」四八％であるが、「子どもだけ自宅に置いておく」というのも二四％にのぼる。病気のときくらい親が仕事を休めればいいと思うだろうが、それで仕事を失うわけにはいかない。子どもたちは心細い思いを抱えながらひとりで過ごす。
看護休暇の取得ができるよう促すとともに病児病後児保育を充実すること、ファミリーサポート事業の減免などはシングルマザーだけでなく働く親の切実な要望でもある。子育てと仕事の両立ができる普遍的な施策を進めることは、そのままひとり親への支援ともなる。

学校社会からの排除

子どもを学校に通わせていて困ったことをシングルマザーに聞いたとき、「保護者会が仕事と重なってしまう」三二％、「宿題をみてやる時間がない」二六％、「持ち物・提出物の通知が急である」一五％、「母子家庭に偏見を持たれる」一〇％などがあった(『母子家庭の子どもたち』)。

ひとり親家庭への偏見が強い、と感じているひとり親も、また多い。

私事で恐縮だが息子が小学一年生だったとき、集金袋にお金を入れて息子に持たせたところ、担任が出席番号が次の児童と取り違えるという〝事件〟があった。その子は母親がＰＴＡの委員をしている子だった。担任は集金袋を忘れないのはＰＴＡの委員をする母親で、シングルマザーは忘れると思ったのだろうか。この先生の経験では、これまで教えてきた子どもたちの親の中でシングルマザーには「提出物の遅れる」親が多かったのだろう。だから「経験上シングルマザーはだらしがない」と思ってしまったのではないかと感じた。

事情を話すことで応援してくれた教員もいる。

こんな人もいた。アパレル業界に勤め、夜帰るのも遅く、小学生の子どもに朝ご飯を食べさせることもできなかったS子さんは、小学二年生の子どもの連絡帳に担任から「忘れ物が多くて困る、毎日遅刻です、朝食は食べさせてください」と書いてあったのを読んで「いつか言われるのではないか」と思っていたことが書かれていて震えたという。S子さんは「仕事が忙しく、子どもの世話どころか自分のからだのケアもできない」と実情を正直に連絡帳に書いた。母子家庭に育った担任は「学校でのことは私にお任せください」「でも朝食は親のつとめです」と書いてきたという。S子さんはその後、長時間働く会社を辞めて訓練校に通い、時間が少し生み出された(『シングルマザーに乾杯！』)。

子どもたちの声を聞いたときに、寂しかったことのひとつに授業参観に来てもらえなかったことを挙げている子どもたちがいた。

――母子家庭だからって何か言われたりとか、あったと思うけれど、自分は気にしないんで、覚えていないですね。ただ授業参観とかには母親も来なかったですね。それはちょっと寂しかったかな。でも親が一人しかいないから、だめな家庭だなんて、思ったことは一度もありませんでした。全く気にしなかったです。

（林大樹さんへのインタビュー）（『母子家庭の子どもたち』）

こうした学校生活との間での葛藤を通して意識されるのは、学校社会がひとり親に理解をあまり示さないということである。

——学校で嫌だったのは親のことなどを記入した書類を出す時、先生に直接渡すのではなく後ろから表にして重ねて集めるので親のことがわかってしまうことだった。とても嫌だった。これは高校の時もあった。

（田所瑠璃子さんへのインタビュー）（『母子家庭の子どもと教育』）

学校社会がもう少し多様な家族を包摂するような社会であったらと、多くのひとり親と子どもたちは思っている。

――（別居した当初はお母さんと一緒にいたくて学校を休んでいたが）小学校の三、四年生ぐらいから受け持ってくれた女の先生が、すごく大きなお母さんみたいな先生で、大好きになって学校が楽しくなって、お友達とも遊ぶようになって、そうするとやっぱり学校にも楽しく行くし、それからは普通の子と同じにやってましたね。クラス全体もすごく明るくて、声が大きい先生で、活気があって安心して私も頼っていけるような感じの先生でした。

（坂田真知さんへのインタビュー）（『母子家庭の子どもたち』）

友達づきあい、いじめ、不登校など

では、学校や学童クラブ、地域で子どもたちはどう過ごしているのだろうか。

前出の岩川さんは、離婚しているというだけで不利だったと回想する。

――離婚してるっていう事実に対して、小学校で、それが原因でいじめじゃないですけど、バカにされたりとかは結構ありました。四、五、六年生くらいだと思います。親が離婚しただけで、いじめの対象になりますよね、それだけで。もうそれだけで、離婚してない側は優位に立っちゃう。だからそういうところは小学校時代はちょっとつらかったです。
（岩川祐介さんへのインタビュー）（同右）

岩川さんは中学生くらいになるとそうした不利をあまり感じなくなった。インタビュー当時、彼は環境系の専門学校を卒業し、公共機関の委託を受けて働いていた。

モモさんはなじめない学校から転校して祖母の家に引っ越し、その地域の学校に通った。その地域はひとり親が半分以上の学級だったという。

——学校終わると遊んでましたね。友達と。結構、商売やってる家とか。商店街とか、身近にあって。遊ぶところが、いくらでもあって。駄菓子屋さんとか、公園もいっぱいあって。みんな近所に住んでたし。ひとり親が半分以上の、学級だったんですよ（笑）。地域性だと思うんですけども。水商売のお母さんとか、そういう人が住んでたりとか。だから、居心地がよかったのかもしれない。親が一人っていう事でいじめられたこと？ それはない、ですね。
（モモさんへのインタビュー）（同右）

いろいろな原因から学校になじめないで不登校になる子どもたちがいる。親が忙しいこともあり、いじめに遭っても子どもはなかなか訴えようとはしない。

――クラスでいじめに遭い、放課後通うことにした家の近所の留守家庭子ども会でもいじめを受けた。悪者あつかいされ、村八分に遭った。

しばらくして母親は看護師として働き始めた。学校に合わないといって、兄のうっぷんややるせなさをはらす相手にされ、家にいても怖かった。母と兄の間でものすごいバトルが突然始まったりして、学校、近所、家の中にも居場所がなかった。不登校になっていったので、食事は自分で作っていた。家にあるものや近所のスーパーでパンを買って食べていた記憶がある。

なんで自分はこの世に生まれてきたのか、自分だけがつらい目に遭っている、なんのために生きているんだろうかと小学校三、四年生で思っていた。なんだか虚しいと感じていた。母親も余裕のない状態だったので、特別に訴えたいという感情はなかった。父親からは外国で別れて以来電話一本ないし、何の接点もない。

（阿部雅孝さんへのインタビュー）（『母子家庭の子どもと教育』）

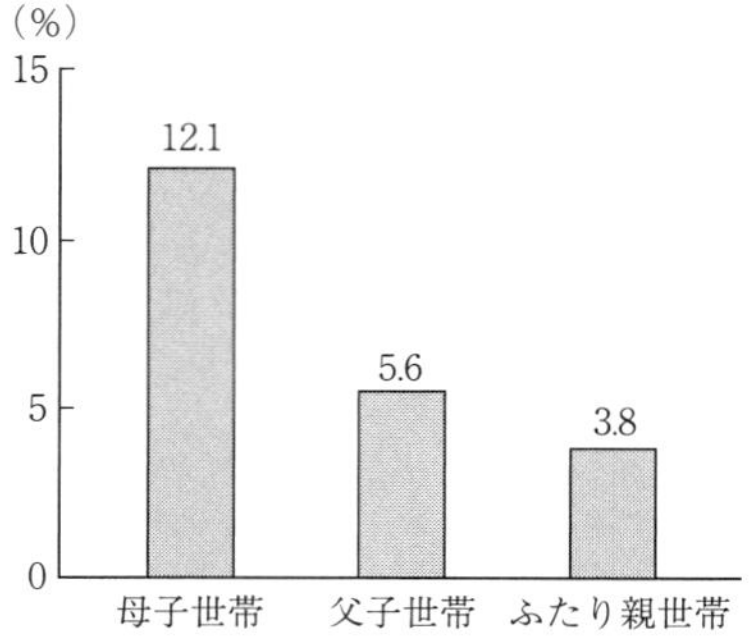

(注)小学校以上の子どもを持つ世帯数は，母子世帯 578，父子世帯 72，ふたり親世帯 1,040 となっている．
(出典)図表 3−1 に同じ．

図表 3–2　いずれかの子どもが不登校の経験をもっている割合(%)

労働政策研究・研修機構の調査でも、小学生以上の子どもを持つ世帯のうち、いずれかの子どもが不登校の経験をもっている(た)世帯の割合は母子世帯一二・一%、父子世帯五・六%、ふたり親世帯三・八%となっていた(図表3-2参照)。母子世帯が抱える子どもの不登校問題はかなり深刻である。

不登校になった子どもたちはどんな生活になるのだろうか。日中家にいても、親が一緒にいることはできない。ひとりで家にいることになる。相談機関につながることも難しい。就労との両立が難しくなる。進学への影響もある。通信制高校など多様な学びがあるようになってきたが、通信制高校に在籍するだけでは子どもの居場所となるところがない。通信制高校のサポート校は年間六〇〜七〇万円と高額の負担になるうえ、子どもが通い続けるとは限らない。

経済状況が学校生活・進学へ影響する

こうした状況で、子どもたちが落ち着いて勉強するのはなかなか困難だ。当然、勉強時間や成績にも差が出てくる。

ひとり親家庭の中学三年生の子どもたちと親に生活意識について聞いた調査がある。大変興味深い結果が得られているが、自分は成績が「下」だと思っている子はひとり親のほうが多い。父子世帯の子どもたちで成績が下の方、やや下の方と思っている子は男の子で六三・三%、女の子で五六・〇%、母子世帯では男の子が四六・一%、女の子が四八・九%となるのに対し、ふたり親世帯では男の子が三四・二%、女の子が二九・八%である。また、休日の勉強時間がまったくないと答えた子もひとり親世帯に多い（内閣府「親と子の生活意識に関する調査」二〇一一年）。

この調査の分析では、貧困によって子どもたちの学習に影響が出ているのであって、貧困を解消すれば、ひとり親であっても子どもの学習に差は出ないと結論づけている。問題は、ひとり親の貧困をどう解消するかである。

子どもたちは自分の家の経済状態を呑み込み、親の意向を汲みながら、生活する。あるいは親が子どもの希望をかなえようと無理をする場合もある。

——小さい頃、欲しいものを我慢したりとかはなかった。どっちかって言ったら、欲しいものがあんまりなかった。別にお金がないからとか、T（母親）に気使ってたとかじゃなくて、物欲がなかってん。今は欲しいものはあるけど、やっぱりねだって買ってもらうほど欲しいとは思わん。それは、Tにも自分の彼氏にも同じ。

（大川春奈さんへのインタビュー）（『母子家庭の子どもたち』）

——お金がなくって、洋服はあんまり持ってなかったです。中学まではつらかった。高一からバイトを始めました。できる年齢になったらすぐですよね。小遣いが欲しかったから。服が欲しかった。

（岩川祐介さんへのインタビュー）（同右）

学校生活でも子どもたちはお金がかかる活動を我慢したり、あるいは、親が苦労してその費用を捻出したりする。必要最低限のものをそろえるので精一杯なひとり親家庭が、それ以上の活動に費用を捻出することはしにくい。

——大会や合宿、ユニフォームなどの費用がかかる運動部は、運動が苦手なこともあり入ろうと思わなかった。文化部の美術部を選んだ。(中略)塾には一切通わなかった。(中略)「母子家庭で貧乏です」なんて言いたくなかったし、気付かれたくもなかった。ただ当時、自分としては、母子家庭だからと我慢した覚えはない。それほど貧しいという記憶もない。うまく母がカバーしていたのだと思う。

(柳瀬紀子さんへのインタビュー)(『母子家庭の子どもと教育』)

――洋服とか自転車とかほしかった。買ってもらえるのはかっこいい自転車じゃない。旅行に持っていく私服とかかわいいパジャマとかほしかった。

(佐藤美香さんへのインタビュー)(同右)

小学校時代には負担感は少ないが中学に入れば、制服代、部活費用とさらに塾代がかかる。だが、平均年収二二三万円のシングルマザーが月に二～三万円かかる塾代を捻出することは非常に困難だ。そこで、塾代や教育費を捻出するためにダブルワーク(かけ持ち)をする親もいる。

――高校受験をめざし、塾には中学二年生の夏から通った。英語が苦手なので、夏期講習を受けたいと言ったら、お母さんも「いいよ」と言ってくれた。しかし、都立の入試の前まで、お母さんの帰りが遅い日が続いた。あとから、講習の費用を工面するために、通常の仕事のほかに、母の友達の居酒屋でバイトもしていたことが分かった。高二のころにこの話を聞いたときはショックだった。

（三宅亜貴さんへのインタビュー）（同右）

シングルマザーへのアンケートで塾費用をどれだけかけているか聞いたところ、学習塾などに通ったことがある（通信教育や家庭教師を含む）ケースが約七割を占め、一か月あたりの費用は平均で二万円を超え、年額では平均約二七万円に及んだ（この調査のシングルマザーの平均年収は二六六万円で、全国母子世帯等調査の二二三万円より高い）。

所得格差と教育

そもそも、義務教育のときから、学校外の教育にここまで費用がかかるようになったのはいつごろからなのだろうか。

――親の所得＝子どもの学歴（成績がよい）となっている今、勉強したくても塾に行けない（学校でも授業だけではついていけないし、他の経済的にゆとりのある子たちは、塾で先を行っている）のはおかしい!!　学校の中で分かる授業にしてほしい!!

（四三歳、死別、福岡県、子どもは中二女子）（同右）

「学校でわかる授業にしてほしい」という極めてまっとうな議論が日本社会ではあまり聞こえなくなってきている。しかし、「学校の授業でわかるはずだ」「塾は不要だ」と言っているだけでは子どもたちはどんどんわからない谷間に落ちていく。

ひとり親は公立高校を希望することが圧倒的に多いが、公立高校の受験に失敗して私立に行く子どももいる。学費の負担は大きい。

——第一子が公立校に落ち、私学に通っていますが月謝が月四万円、そのほか課外やもろもろ費用で毎月一万円以上の負担があり苦しいです。月謝の減額申請もしましたが、結果が分かるまで四カ月ほどかかります。子どもにはある程度の教育は受けさせたいと思っており、少ない養育費もそれぞれの子どもの大学資金のために手を付けず貯蓄にまわし私の少ない収入で家計のやりくりをしている現状です。日本の将来のためにも、もっと教育に関して援助してほしいと思います。
（四三歳、福岡県）（同右）

――高校の授業料無料化は当たり前。そのほかに生徒会費、ＰＴＡ会費、教科書、教材費にかかるお金もばかになりません。低所得者にはそれらへの援助もお願いしたい。

不登校児を受け入れてくれる高校が限られているのですが、学費の高い私立に進むとなると、頭を抱えてしまいます。
（五七歳、死別、長野県、子どもは中三女子）（同右）

――（母子家庭でつらかったことを聞いて）経済的なことですかね。たとえば、大学もそうですし…何か始めるとか、新しく何かやるとかっていうときに、やりたいところから選ぶんじゃなくて、できるかってところから入るとこですかね。冒険しようっていう気にはならないですね。…大学入るときとか、学費の話が一番。結局学費は、僕が公的機関から借りた。入学金は、祖父母がっていう感じですかね。

金の話ばっかり出るっていうのは、わりと憂うつです。（中略）興味があるってことだけでは、始められないという。そういう意味では、性格に影響してるかもしれないですね。あんまりチャレンジ精神ないんで。

（中島翔太さんへのインタビュー）（『母子家庭の子どもたち』）

ひとり親家庭の子どもたちは、「どこに進学したいか」よりも「どこなら大学に行けるか」から進路を考え始める。年間就労収入が多い世帯ほど、大学進学希望は多い。親の学歴が高いほど、あるいは別れた父あるいは祖父母など親族からの援助があるほど、進学希望は高くなる。親族からの援助が期待できる場合には七二・五％が大学進学を希望し、期待できない場合はそれが五二・〇％となる（『母子家庭の子どもと教育』）。また父親からの養育費が定期なり不定期なりに支払われている場合も約七割の親が大学への進学を希望するが、一度も支払われていない場合には、大学への進学希望は三七・二％へと下がる。ひとり親家庭は子どもを大学に進学させるためには内在的な経済力ではほぼ無理なのである。

国立大学の四年間の納付金が約二四二万円、私立大学文系の納付金が平均約三八六万円、私立大学理系が平均約五一七万円である。そのほか受験料や生活費がかかる。別れた父親や親族からの援助、日本学生支援機構などの奨学金、あるいは母子寡婦福祉資金がなければ実現しない。そして親族援助が期待できる母親も、養育費が期待できる母親も、どちらも学歴や所得が比較的高い。親族援助もない層こそ、困難が重なる層ではないだろうか。

専門学校の授業料や入学金も私立大学と同じくらいかかる。

奨学金は有利子のものが拡大し、卒業後延滞すれば延滞金の利息がかかるとともに、滞納が半年間過ぎれば、金融機関のブラックリストに掲載されるのでクレジットカードなどが作れなくなるなど、非常に厳しい。これなら奨学金ではなく、ローンと同じである。

バイトに吸い寄せられる子どもたち

高校でアルバイトを始める子も多いことがわかった。しんぐるまざあず・ふぉーらむの子ども教育費の調査では、アルバイトしている子の頻度は一週間あたり二回、一回あたりは三時間が三五・三%で、月収は五万円以上が二九・四%でもっとも多く、平均は三万八三〇〇円だった。そのアルバイト代が何に使われるのかを聞くと、「子どもの小遣い」六七・六%、「携帯電話の支払い」三二・四%、「子どもの生活費(昼食代など)」二三・五%(複数回答)となっている(『母子家庭の子どもと教育』)。子どものアルバイト代が生活費に組み込まれていく様子がわかる。

――初めてよそでバイトをしたんですよね。普通に、スーパーの品出しとか、そういうやつ。楽しかったですね…要するに、その夏休みのバイトも高校生にしてはお金がもらえたんですよ。まあ、朝早くて夜遅かったですけど、一〇万以上もらえたんですよね。その頃、酒を飲み始めたんですよ…。（中島翔太さんへのインタビュー）（同右）

子どもたちにとっては、高校生のアルバイトは家計を心配してなかなか買えなかったものが買えるチャンスになる。携帯電話の支払いも大きなウェイトを占める。服が欲しかった、という子もいた。しかし、バイトのほうが楽しくなってバイト中心の生活になってしまったり、あるいは、バイト中心となって高校を中退するようになってしまう子もいる。

高校を中退する率は二〇〇七年で二・九一％である。貧困層に中退が多いことはすでに青砥恭さんの『ドキュメント高校中退』（ちくま新書、二〇〇九年）などの力作でもわかる。

母親との関係

子どもたちは親のことをどう見ているのだろうか。母子家庭の子どもたちは母親をとても気にかけ、時には病的なまでに心配している。

――離婚したのは、五年生の終わりです。その二カ月前くらいに、（父と母が）すごいけんかしていた。前からけんかはしてたんで、あんまり気にしてはいなかったけど。(中略)ただ、「お母さんがだいじょうぶかな」っていうのだけ思ってました。
小学校三年生くらいからいつも思っていたのは、親戚のところに行ったときに、自分が一人で親戚のお兄ちゃんと遊んでいて、お母さんが叔母さんとかと買い物に行くと、なぜかお母さんのことがすごい心配になって、お母さん何かいやなことされてないかなと。すごい心配性な子でしたね。
(島本良さんへのインタビュー)(同右)

母親が不安定であることは子どもにも影響を与える。

――つらかったことって、あまりないですけど…ちっちゃいときに…僕もあんまり記憶がないんですけども、うちの母親がヒステリー起こしまして…僕の顔が親父に似てるらしくて、ちょっと殴られたりしてたことが…失礼な話ですね(笑)うっすら覚えてる…。ほんとちょこちょこヒステリー起こしてた。これもまた、うっすらなんですけれども、東北に住んでいた頃、近くの川に二人で連れてかれて…二人、姉貴とけんかしてたんですけど、お母さんが「この川に飛び込んで死ぬからね」とか言って…「おいおい、待ってくれ…」

みたいな感じで、けんかどころではなくなってしまったと思うんです…まぁたぶん、精神的に患ってたっぽいんですけどね。まぁ、でも生きてれば全部、笑い話なんですけど…。

（林大樹さんへのインタビュー）（同右）

母親が夜も働くシフトの仕事をしていたこと、また精神的にも不安定であったこと、その結果林さん自身は早く大人にならざるを得なかったようだ。家でも料理をつくり食べていた。その後、高校生でアルバイトを始め、それが本業のようになって高校を中退し、料理人として生きようとする。といっても仕事が長続きはしていない。

もっと深刻な結果になるのが親との葛藤がある場合だ。

——中学に入ってから、母との仲は悪くなりましたね。母だということ自体で私をしばっていいのだという感じでした。門限が決められるのもいやだったし、干渉されることが嫌いで、自分の世界に入りたかったていうのがあったと思います。

（中略）（児童自立支援施設には）中三の新学期から卒業までの一年間入っていました。母からは、「あんたなんか施設に入っちゃいなさい」みたいな。（中略）S施設に入ったことですね。それで全然変わった。根性っていうか、甘い考えが鍛え直されましたね。
（早川真理さんへのインタビュー）（同右）

早川さんはその後家に戻るが、母親との関係はよくなかった。彼女は高校を中退後、居酒屋のバイト、水商売、キャバクラで働き、そこで出会った男性と結婚した。

母役割、父役割を果たせないのか

家に父親と母親の両方がいないという環境で子どもを育てることによって、母子家庭の場合には父役割を果たす人が欠如し、父子家庭の場合には母役割を果たす人がいないから子どもをうまく育てられないのではないかという不安感を語る人が多い。

――子どもが三歳のときから働いています。保育所、学校、学童保育と子どもなりにいろんなつながりができてきていますが成長するにつれ、親の言うことを聞かない場面が多くなってきています。今小学校三年生ですが、〝しつけ〟としてびしっとやったほうがいいんか、本人の言うことにまかせるのがいいのか迷うことが多いです。父親でなくても自分とは違った視点で見られる〝異性〟がいるといいのになとつくづく思います(おじいちゃんも九年前に他界しており、姉妹の配偶者とも疎遠なので)。

(四七歳、離婚、パート・非常勤)(同右)

ひとり親は「母親役と父親役をひとりでこなす」というような言い方をする。父は規範型、母は尊重型の子育てをするとしたら、二役がいることが必要だというような見方であろう。だがそれは母親と父親でなければいけないのだろうか。あるいはひとりの人間がやってはいけないのだろうか。児童精神科医の佐々木正美さんは、著書『ひとり親でも子どもは健全に育ちます』(小学館、二〇一二年)で、まず子どもを受容することが大切であり、その後集団の規律やルールを教えることが必要だと書いている。その順番を間違えなければひとりで子育てすることになっても子どもは健全に育っていくという。

男の子の性教育や女の子の月経への対処など確かにとまどうことはある。しかしさまざまな情報や相談できる場所は増えてきている。私は息子が六年生の頃、男の子向けの性教育の本を入手してさりげなく部屋においておいた。息子は読んでいたと思う。その本は息子の同級生の母親たちにも人気になった。

前出の全父子連の片山さんは、テレビの出産シーンなどを見ながら女の子に生理の話をしたと言う。それから夕飯の買物の時に娘と生理用品コーナーに行って「こんなにいっぱい種類があるんだね」と話したり、「ブラジャーは店員さんに測ってもらおう」と伝えたりしたそうだ。それぞれの乗り越え方がある。

さらに言えば、子どもと両親という家族ではないことを負い目に感じて、休日の公園や行楽地に行くことができないというひとり親もたくさんいる。この両親そろった家族でなければいけないと感じることを私は「幻の家族像」と呼んでいる。「幻の家族像」に囚われる必要はない。

これまで多くのひとり親の子育てを見てきて、ひとり親の子どもたちの思春期の反抗にしっかりと向かい合うことがその後の子どもたちとの関係の安定につながるのではないかと思う。

——私があまりにもやんちゃを繰り返すので、教師たちが母に、私を警察の少年課に連れて行けと言ったことがあるんです。母は、「警察の手を借りなくても自分で立ち直らせることができる、私は子どものことを信用している」とたんかを切りました。男前でしょ？　それを聞いて、私は今までの自分が恥ずかしくなり、それまでの自分と縁を切りました。もちろん、最初はリンチまがいのこともありましたけど、それに屈することなく毎日学校に通い続けましたよ。

（川島えみ子さんへのインタビュー）（同右）

その時期に大人が向かい合えなかった場合には、その後に、子どもたちが家庭を居場所とできなくなることが多い。

松田亜紀さんは、小学五年生で両親が離婚し、おばの家に預けられる。母親はマッサージ師を仕事にしており、中学生の時には一緒に暮らした。母親は体調が悪く、精神的にも落ち着かず、松田さんに当たっていた。松田さんは家も学校も嫌いになって外の人と遊ぶようになっていく。

親との関係も悪く、学校にも居場所がない場合に、子どもたちは街へと流れていくのではないか。そこには子どもたちを利用し搾取しようとする引力はあるが、保護し育てる力はない。家庭と学校のほかに第三の居場所が、あるいはサポートする大人がいれば子どもたちはそこを居場所にすることができるように思う。

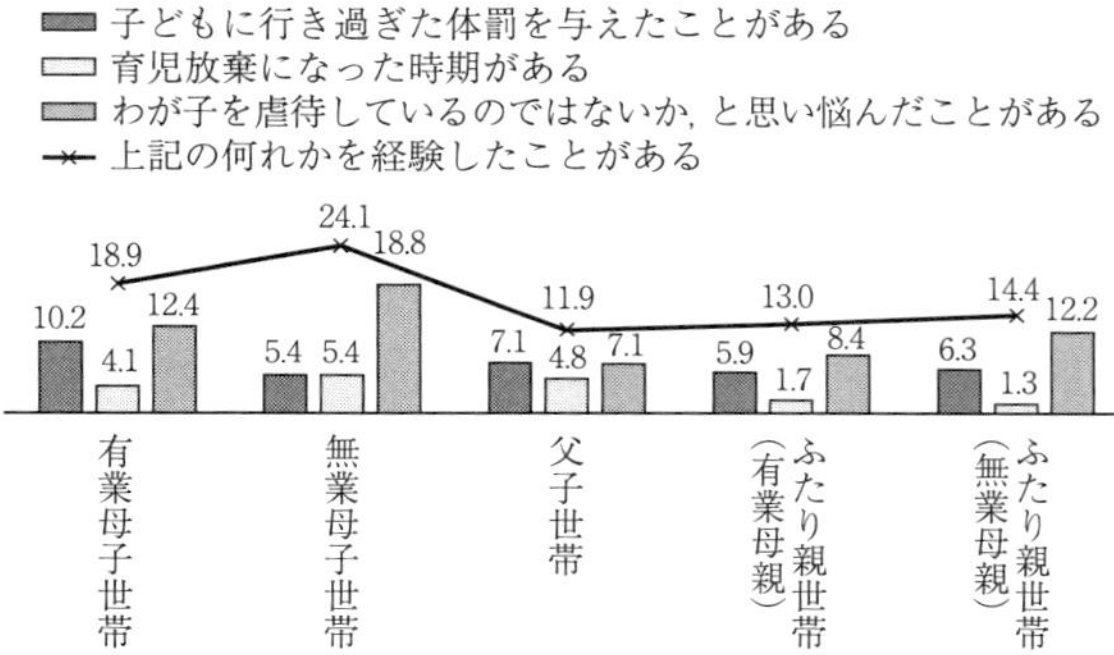

（注）母親８人に１人は虐待で思い悩んだことがある．
有業母子世帯の１割は子どもに過度体罰の経験有り．
（出典）図表３−１に同じ．

図表 3–3　育児の挫折経験の有無（単位：％）

ひとり親と虐待――大本は貧困を含めた困難

ひとり親家庭に子どもの虐待が多いことはすでに周知の事実となっている。

子どものいる世帯の生活状況と就業の調査によると、「わが子を虐待しているのではないか、と思い悩んだことがある」と回答した保護者の割合は、無業母子世帯で一八・八%ともっとも高く、有業母子世帯とふたり親世帯（無業母親）はいずれも一二%程度である（図表3-3参照）。育児の挫折を経験した割合が高いのは無業母子世帯である、という。この調査は、ひとりでの育児に追い込まれ、さらに仕事を通じて社会とのつながりを持つ手段も絶たれたことが「無業母子世帯」の高い育児挫折率の原因と結論づけている。

しんぐるまざあず・ふぉーらむの電話相談にも

虐待を疑われるような相談が入ることがある。

虐待は残念ながらひとり親に多いということはさまざまな統計で明らかになっている。しかしひとり親すべてが虐待をするわけではない。虐待をする家庭の特徴としては、「貧困」「社会的孤立」「就労の不安定」「育児疲れ」などの状況が見られるのだという(東京都『児童虐待の実態』二〇〇五年)。

両親の離婚後、母親からずっと虐待を受けてきた男性から話を聞いた。

——小さいころから母から言葉と身体的な暴力を受けてきた。理由は僕が二男で父も二男で、精神的に父親の影を強引に投影されていた、というものだった。

おばあちゃんが来て、子どもの面倒をみてくれていたが、自分が怒られると助け舟を出してくれてた。(中略)僕は何もしていなくても母から殴られた。いつそのスイッチが入るか分からない。おばあちゃんが来てくれる時だけが唯一ほっとする時間だった。母からはトイレの時間や風呂の時間が長いとストップウオッチで計られて管理されていた。食事はつくってくれる、そういうことはちゃんとやってくれるのだが、暴力が激しかった。

(中田和彦さんへのインタビュー)(『母子家庭の子どもと教育』)

母親は後ろ指をさされないように、兄は成績がいいから弟にも勉強ができてほしいと思っていたのか。中田さんは高校時代に、「母を殺すか自殺するしかない」と思い詰め、民間相談機関を通じて児童相談所に相談し保護され、大学は新聞奨学生になって自力で学費を捻出して通っている。彼は言う。「家族の形がどうのではなくてちゃんと子どもをみることのできる、そういう家族であってほしいと思う」。また「自分は家庭の中には居場所はなかったけど、外にでたらいろんな人に支えられた」と。

最近危惧されているのは母親の恋人からの虐待である。

「大阪市における幼児死亡・乳児傷害事例　検証結果報告書」(二〇一三年大阪市)では、離婚したのちの再婚家庭(いわゆるステップファミリー)の出生後の虐待事例三例について検証している。この中で、結婚しないで子どもを産み生活保護を受けて子どもを育ててきた女性がインターネットを通じて知り合った男性と同居するようになり、男性がこの女性にとって「いちばん」であってほしいと子どもとのスキンシップを禁じた結果、かまってもらえなくなった子どもがいたずらをするようになったため、しつけと称してポリ袋に入れてしばり窒息死させてしまったという、いたましい事件が紹介されている。

私は、シングルマザーの子育て講座で、最後に「シングルマザーの恋人と再婚」について話す。受講者の関心度は高い。「恋人ができることはうれしいこと楽しいこと、でも、シングルマザーが恋愛するときは注意が必要です」と言う。①彼は仕事をしていますか、②女性関係はないですか、③借金はないですか、④あなたはその人といて快適ですか、⑤彼は子どもとコミュニケーションがとれますか、⑥彼は自分の欲求より子どものことを尊重できますか、⑦子どもは彼との関係を了解していますか、と七つのチェックポイントを伝える。「ひとり親と恋人との関係の間でいちばん立場が弱いのが子どもなので、子どものことをいちばんに考えよう」と伝えている。

大阪市ではステップファミリーへのリーフレットを作成している。だがひとり親にそれはどこまで届いているのだろうか。こうした対策はまだまだではないか。

虐待事件が起こるたびに逆の反応もある。「少し子どもをしかっただけで虐待を疑われるのじゃないかと思って不安」というシングルマザーもいる。

母親の恋人

母親の恋人について子どもたちはさまざまな思いを抱えている。大きくなった子どもたちは語る。

さきほどの岩川さんは、「(母の連れ合いが)一緒に住むようになったことも自然に受け入れてきましたね。それまでに軌跡があったのかもしれない」という。岩川さんにとっては母親が離婚したことは小学校時代にいじめられるようなことだったけれども、その母親の連れ合いが一緒に住み始めることで父親代わりになって「全然問題がなくな」った、と肯定的に受け入れている。

一方で複雑な、否定的な思いを抱えている子どももいる。

――(母親に)彼氏がいてることがイヤやったわけじゃないねんけど、その人が家におることがともかくいやで(後略) (大川春奈さんへのインタビュー)(『母子家庭の子どもたち』)

母親と彼氏がいる空間と、母親と子どもがいる空間は両立するとは限らない。しかも狭いひとり親家庭の部屋に彼氏が入り込んでくる形で同居が始まる。大人たちが決めることに子どもたちは抵抗できない。親の恋人がいることで家は安全な居場所でなくなり、子どもたちは居場所を求めて外に出ることにもなりかねない。

別れた父親との関係

日本では離婚後別れた親と交流を続けている子どもは少ない。離婚後も父親との交流を続けていた子どもの話を聞いた。

——父は離婚や別居になってからも週一ぐらいでよく来ていたので全然離れてるって感じがなかったですし、今考えるとまぁよく来てたなと思いますけどね。暇な人じゃないんですけど。当たり前のことというかやらなきゃいけないこと、来ないと関係が途中で切れてしまうので来ていたのでしょう。父は来るし、寂しそうだから、まっ、冷たくしないで迎えてあげましょうみたいな感じでした。母はなんでくるのかしらという感じで、別居の頃は父が来るとどっか行っちゃうというときがありました。

（町野麻衣さんへのインタビュー）（同右）

麻衣さんの場合には、離婚による子どもたちへの影響を最小限にしようという父母の協力があったように思われる。父親が毎週来ることを「なんでくるのかしら」と言いつつ父子の関係を途切れさせないためにも母親は受け入れ、家に来ることを許容していたのだろう。またその結果なのか、学資については父親から援助があり、経済的に困ったことはなかったと麻衣さんは言う。麻衣さんは希望する大学に進学することができた。

こうした協力ができる例は残念ながら少数である。

シングルファーザーの片山さんは、子どもたちと別れた母親が勝手に連絡を取り合って、会ったときにいろいろ買ってもらって助かっている、と話していた。「ありがとう」というメールを入れておくそうだ。

離婚後も別れた親と交流している子どもたちの割合は、全国母子世帯等調査では母子家庭で二七・七％、父子家庭で三八・四％である。ＤＶなどで危険な場合には会えないが子どもにとって別れた親との交流は大切である。

それは子どもたちへのインタビューにも反映されている。子どもたちが自己を確立していく過程で「父親との交流」が必要なのではないかと思わせるような声もあった。

――父親のところでバイトしたのは、夏休みだけです。とりあえず。（中略）父親っていうのは、気が短い人で、仕事しててもイライラしてますね。ただ、一緒に仕事してみて、母親から聞いてたほど不まじめじゃない。そういう部分もあるんだろうけど、仕事はまじめにやるんだなと思った。母親からは仕事をしないとか、若いとき、もらったお金をすぐ使うとか、そういう不まじめさを聞いていたけど。（中略）これまで影響を受けた人としては、小学校のときの担任や部活の陸上の先生とかいましたが、父親についても最近認める感じがあります。父親のことは、わりと器用な人だと思っていた。人付き合いのできる、自分とは違うと。でも実は得意じゃなくて、できればひとりで働きたいと話していた。それを聞いたとき「自分とおなじなんだ」と思った。自分の性格は父親似だと思う。

（中島翔太さんへのインタビュー）（同右）

しかし、離婚の経緯から親と会いたくないという子どももたちもいる。

――父親とは、出て行ってから本当に一回二回くらいしか会ってないんですよね。父親にはかなり反感というか、やっぱり障害者というのがわかっていて、母と結婚して、それでほかに女性ができて、出て行くというのは、道徳上というのも変な言い方ですけども、普通ではあり得ないことですよね、常識では。父親は甘い人だと思うんですよね、それで

父親とはもう一切連絡取っていないですよね。（桐山聡さんへのインタビュー）（同右）

もしも適切な相談機関や父親の謝罪などがあれば、桐山さんは父親のことを少なくとも会うことはするくらいに受け入れたかもしれないと思うが、彼にとっては論外のことのようだ。

面会交流については基本的には子どもと別れた親との交流が子どもの成長や安定にいい効果をもたらすので進めていくべきだと考える。ただしDVがあった場合には危険である。

最近、面会交流を求める調停が増加し、トラブルも増えている。

二〇一三年一二月、文京区の区立小学校で四九歳の男性が別居中の二男に灯油をかけ自分も灯油をかぶり無理心中した事件が起こった。男性は死亡、二男も大やけどを負い数日後に死亡するという痛ましい事件だった。父親は、少年野球の行われていた学校の校庭で二男を連れ出した。母親と長男、二男は母親の実家で暮らしており、父親とは離婚調停中で離婚が成立する直前の事件だった。報道によると、二〇一二年五月にも実家に姿を見せ二男を連れていこうとしたため、母親は警察に相談、通学時のパトロールを強化していたが母親の申し出で同年一二月に打ち切っていたという。

この事件の背景として、別居後、子どもと会いたい父親が追い詰められ孤立しがちであることが指摘されている。従来よりも子育てに関心を持つ父親が増えてきたこともあるだろう。しかし、子どもと会いたいが故の無理心中は極端としても、暴力的手段に訴えてしまう親では、やはり子どもと同居する側は会わせることはできない。一方で子どもと同居している側にも子どもより自分の思いで会わせたくないと思っている場合があるのも事実である。

多くの親が悩んでいるこの問題を大きな枠で整理すると、まず、ＤＶがあった場合は子どもへの直接の暴力でなくとも面会交流はしないか監督付きで実施するということが必要である。それ以外で面会交流を実施できる事例においては、面会交流を支援し、子どもと別居親との交流が子どもにとってプラスとなるようふるまえるようになる親プログラムを実施するとともに、別居親との交流を安全にできるような付き添い支援もまた必要である。

日本では「家庭問題情報センター」(ＦＰＩＣ)など数少ない民間団体が離婚後の面会交流支援を行っているが、費用も高く、誰でも利用できるわけではない。厚生労働省は養育費の支払いを確保して児童扶養手当などの支出を減らす意図もあって、養育費相談支援と面会交流支援を各都道府県に補助金をつけて任せているが、利用者双方の所得制限が三六五万円であるなどやや厳しい。さらなるインフラ整備があって初めて面会交流が安全に行われるようになるのではないか。

二〇一二年から離婚届に養育費と面会交流の取り決めの有無を書く欄ができた。養育費と面会交流の取り決めを推進するねらいがある。しかし強制力はない。こうした中で、明石市は一四年四月から養育費の支払いや親子の面会方法などを記入できる合意書の配布を始めるとした。また法テラスが法的相談に乗り、「家庭問題情報センター」の相談員による特別相談も月一回市役所で開くという。明石市は養育費の立替払い制度の導入も視野に入れているということだ(『朝日新聞』『神戸新聞』二〇一四年二月一四日付)。こうした動きに注目したい。

法務省、裁判所、厚生労働省、総務省など関係省庁が面会交流と養育費について検討する横断的な組織をつくるべきだと指摘する識者も多い。

周囲の援助

ひとり親の場合、社会的孤立が問題だと述べた。子どもたちはどんな応援をほかの大人から得られているのだろうか。

親族からの援助を受けていた人も多い。

サポートを得られるところにアクセスしたり、自分たちでつくったりした人もいる。

――私はすごく「恵まれていた」と思います。保育所も、夜間保育は、なかったんですよね、それを、できるように、みんなでつくったり、とか。(中略)生まれるときには助産施設で、産前・産後を過ごしたみたいなんですけど、そういう施設があったこともすごくお金がなかったから助かったし。乳児院とかも、有効に使えて。うまい具合にサポート体制が使えたと思います。

(モモさんへのインタビュー)(同右)

――近所のおばちゃんに、よく面倒みてもらってました。今もですけど。母親の友達で、遊んでもらったり、晩ご飯を食べさせてもらったり。一つ下と、三つ下の男の子がいて、家族ぐるみのつきあいでしたね。

あと、母親の知り合いの人たちがまわりにいて、私も相談に乗ってもらったり、今でも相談したりしています。人脈の多い人なんです、母は。

(川島えみ子さんへのインタビュー)(同右)

私は、地域のおせっかいなおじさんおばさんたちを増やしていきたいと思っている。子どもへ手を差し伸べてくれるのは、塾の先生の場合や担任の先生、施設の職員である場合もある。

——親の会社の倒産の原因は、雇った人が、金を横領したことだった。だから中学校から高校にかけては、大人は嫌いだったし。余計に先生も嫌いになって。今にして思えば、中学のときやばかったかも。目つき変わってたらしいです。そん中で、唯一塾の先生は、すごい好きでしたね。

中学一年の終わりから通ってた塾の先生が、すげえいい先生(男性)で。相談とかしたんじゃないんですけど。ほめてくれるっていうか、できるできるって言ってくれたんで。それがうれしかったです。

(島本良さんへのインタビュー)(同右)

——私は両親そろっていないってよりも、自分の育ってきた環境の中で親ってものがあんまり関わってない。育ててくれたのは施設の先生方だったっていうほうが強いって思ってるんで。

(松田亜紀さんへのインタビュー)(同右)

ひとり立ちが難しい

最後に、不利な状況が重なっている子どもたちのひとり立ちの難しさを伝えたい。しんぐるまざあず・ふぉーらむの学習支援の場に一人の青年が来ている。木村正也さんである。正也さんは商業高校を卒業した。母親と一緒にしんぐるまざあず・ふぉーらむの夏のお泊り会には必ず来てくれていた少年だ。寡黙だが、小さな子どもたちが遊んでいる場にいると、にこにこしていた。高校三年生になって高校卒業後の就職先について、学習支援をしながら少しずつ話をしていった。介護の仕事が希望だということだった。私は彼が介護の仕事に向いているとは思わなかったが、彼はある体験から希望しているという。そこで卒業の三月に新卒者向けの求職者支援制度を使って介護福祉士の資格が取れる短大を受験するように応援した。しかし、結果は不合格だった。

それでも障がい者が運営している自立生活支援センターで研修を受けて少しずつ働き始めた。なんとか慣れていっているようだった数か月後、彼はそのバイトをやめた。遅刻などが重なって励ましの意味で言われた言葉が彼には厳しく響き、「では辞めます」と答えてしまったのだという。もう一度行く気にはなってもらえなかった。最近、多くの若者がこうしたコミュニケーションでつまずいている。

次にCADの会社で研修を受けることになった。その会社で一日五時間のアルバイトをできるようになったが三か月で終わった。彼はＣＡＤの技術は早く覚えたが、人とのコミュニケーションは得意ではない。その後、家にいる状態が続いた。

木村さんの家は生活保護を受給している。母親もまた困窮家庭に育ち一度目の結婚では身体的な暴力を振るわれ、次に結婚した相手も生活費をほとんど渡さなかった。離婚後母親は、木村さんを夜間保育に預けながらスナックで働いた。しかし、母親は病気になり、生活保護を受けて暮らすようになった。母親はその後ヘルパー資格を取ったりしたが、就職には結びつかなかった。

二〇一四年現在、彼は職業訓練校のＣＡＤ講座を受講中である。彼との関係を続けながら、彼の居場所、彼の能力を活かせる場所を探さなければと思っている。サポートを受けるには交通費や費用が壁になる。

二〇一二年の一五歳から三四歳の若年無業者は六三万人、一五歳から三四歳人口に占める割合は二・三％であるという。またひきこもりの状態にある若者も約七〇万人を数えるという（二〇一三年版『子ども・若者白書』）。

ビッグイシュー基金が行った「若者ホームレス聞き取り調査」は、二〇〇八年から一〇年にかけて東京と大阪で若者ホームレス五〇人に行った調査である（飯島裕子・ビッグイシュー基金

『ルポ若者ホームレス』ちくま新書、二〇一一年）。この調査によると、これら若者の養育者は、ひとり親が三二％、養護施設が一八％となった。一般のひとり親家庭の出現率が約三％なのに比べ、非常に高い。また経済的に不安定な家庭に育ったと答えた人も全体の五六％を占めた。

その中のひとりの青年Mさんは、母子家庭で育った。母親は昼夜働いており、Mさんはひとりで母親の帰りを待っていた。貧しかったので、小学生のころはいじめを経験したが、助けてくれる人はいなかった。中学では野球部に入り、道具は顧問の先生が揃えてくれた。高校卒業後、地元の工場に正社員として就職、上司とそりが合わず三か月で退職、ホストクラブ、パチンコ店などで働いたが、その間に母は脳溢血で亡くなってしまっていた。ショックで仕事を辞め、転職しようと思ったところ持ち物を取られ、工場で派遣社員として働いていたら派遣切りされ路上に出たという。

今、生活苦を抱え路上に出ている若者の中で、生活が困窮している世帯や、ひとり親世帯に育った若者が非常に多い。それは逆に言えば、ひとり親や生活困窮世帯に育つ子どもたちの育ちを支援することで、若者たちの将来が大きく変わることを意味してはいないだろうか。

子どもたちの困難を救うためには、さまざまな取り組みがあるので、6章で紹介していきたい。

ところで、二〇一三年から政府は、孫への教育資金を贈与する場合一五〇〇万円まで贈与税が無税という政策を始め、二〇一五年三月までだったのが延長され二〇一九年一二月三一日まで行っている。ほとんど批判がないまま実行されたこの政策に私はあっけにとられている。たしかに高齢世代の貯蓄額は大きく、これをなんらかの形でフローとして使えるようになることで経済が活性化するのではないかという意図はわかる。しかし、今、奨学金を借りてがんばっている、裕福な祖父母のいない苦学生は、この施策をどう思うのだろうか。「結局私たちはまた排除されている」と思うだろう。奨学金を借りている多くの若者たちにも支援が必要である。（二〇一七年現在、貧困な子どもへの贈与も非課税でできるよう検討されているようだ。）

4章

女性の貧困が子どもの貧困を招く

シングルマザーは、仕事をしても、しても、収入が低い。それがシングルマザーの家庭に育つ子どもたちの不利も招いている。シングルファーザーも収入が減りつつある。

何人ものシングルマザーたちの話を聞いて見えてきたのは「新卒で正社員だったときのほうが年収は高かった」という事実だ。シングルマザーになってからの仕事ではそこまでの年収を得られていない。そこには、社会のジェンダーの構造があるとともに階層による差も見えてくる。

子育て中の女性は稼げない

シングルマザーの松田多恵子さんと木村佳美さんの例から考えてみたい。

【高卒でダブルワークする松田多恵子さん】

松田多恵子さんは、高校卒業後、大手スーパーで経理を担当する正社員として働いていた。

年収は二七〇万円。二年間で北関東の両親の家に戻り、大手運輸関係の会社の正社員として働いたのち、職場の同僚と結婚して二三歳で寿退社した。彼女は上の子どもが幼稚園のときに夫と別居。すぐに飲料のルート販売の仕事に就き、乳児を母親に見てもらいながら夜は電気部品の内職、腰を痛め転職し続いて病院の経理(と看護事務)、県の緊急雇用事業で事務、などの仕事を続けてきた。

多恵子さんの二人の子どもは二〇一三年現在、私立高校の一年生と中学生で、教育費もかかる。多恵子さんの母親と同居しているので、家賃はかからない。仕事は準社員として時給八五〇円(この地域の最低賃金よりは一〇〇円以上高い)で一日八時間、手取りで一一〜一二万円の収入に加え、夜の居酒屋で月に約四〇時間働いている。中学生の子どもを塾に通わせている。塾代は年間で二四万円くらいになる。彼女は「新卒のときの年収を超えたことはない」と苦笑する。

深夜に帰り、上の子のため朝の弁当づくりもあるので六時前に起きる。睡眠時間は四時間以下。疲れるとまぶたの上がけいれんしてしまう。「日曜は休日だからまだ私は働ける」と彼女は言う。

【中卒で不安定な仕事にしか就けなかった木村佳美さん】

木村佳美さんは四国出身のシングルマザー。七人きょうだいの三番目でひとりだけの女の子だった。父親は不安定な仕事、母親は内職をしていた。中卒で集団就職し、紡績工場に就職。高校に行きたいと思っていたので、定時制高校に通った。しかし仕事はシフト制で高校の勉強との両立がきつくて工場を辞め、家に帰りスナック勤めをした。父親がギャンブル依存で佳美さんのお金を使ってしまう。そんな佳美さんを見て「救ってあげる」というので結婚した相手はDV夫だった。酒を飲んでなくても髪をつかんで引きずられた。片道切符で逃げ出して東京でホステスをした。指名が入り稼げると月五〇万円にもなった。一年後に離婚届は出されていた。店の客と「できちゃった結婚」をしたが、その夫は子どもが産まれても生活費を渡さなかった。「経済的DV」「モラハラ」という言葉はあとで知った。みるみる貯金はなくなってしまい、ゼロになるときに子どもを連れて離婚した。

子どもを夜間保育に預けながらスナックで働いた。病気になり働けなくなって生活保護を受給。その後昼間の仕事をするためにヘルパーの講座を受講して資格を取得したが、働いてもすぐに辞めさせられる。一時は婚活も考えたがうまくいかなかった。今は請負扱いで工場で働くが、毎日働いても月収は二万円程度。生活保護を受けながら働いている。

多恵子さんのように、新卒のときは正社員で給料も独身としてはよかったが、子どもを育てているシングルマザーの今のほうが年収は低い、という人は多い。

佳美さんの場合は、生い立ちから不利を負い、学歴が低く、スナックやホステスなどの仕事でいっときは稼いでいたとしても長続きはせず、収入が低いという例だ。最終学歴が中学卒業あるいは高校中退のシングルマザーは全体の一三・三%と多い(シングルファーザーは一五・四%)(二〇一一年全国母子世帯等調査)。1章で触れたようにシングルマザーの中卒率は一般の女性と比較すると高い(藤原千沙「ひとり親の就業と階層性」二〇〇五年)。

ここではまず、高卒で正社員となった多恵子さんのような例を考えてみたい。

働くということは、それによって生活を再生産し、また「子どもたち＝働けない家族」を養っていくだけの収入を得るということのはずである。しかし、現在子育てをしている多恵子さんは、昼間の仕事だけでは子どもたちとの暮らしが成り立たない。

なぜ、こんなことが起こっているのだろうか。

日本は二重の労働市場をもっている、と言われる。正社員の労働市場と非正社員の外部労働市場である。正社員と非正社員という「身分」を生み出していると言ってもいい。この「身

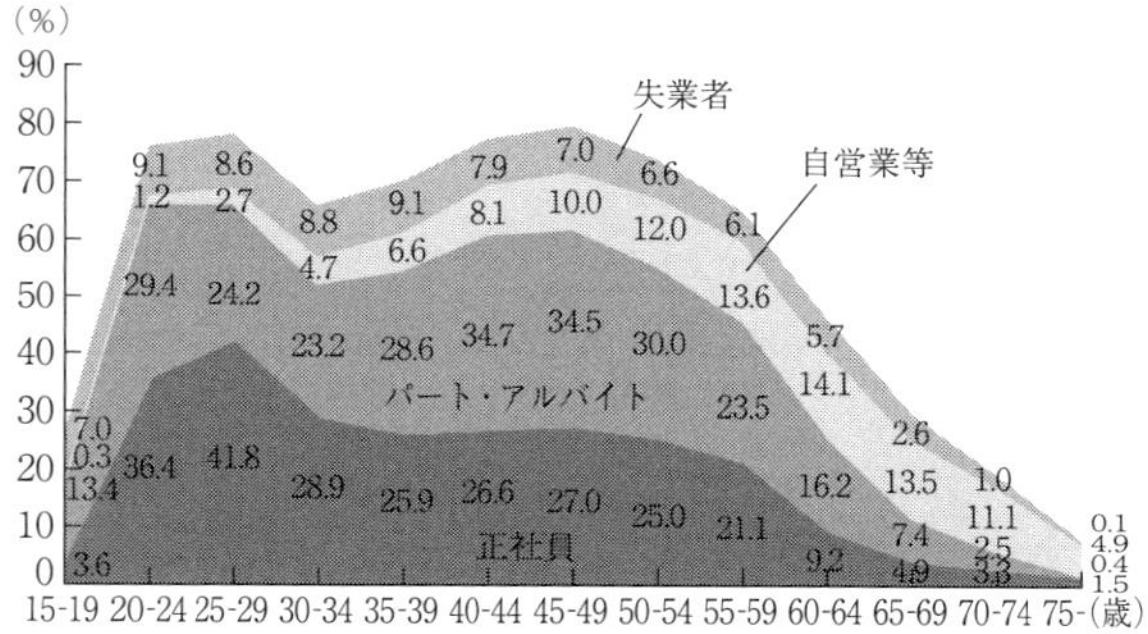

(注1)総務省「就業構造基本調査」(2002年)により作成.
(注2)女性の労働力率を，就業状態別に区分して示したものである.
(注3)労働力率は「(就業者数＋求職者数)／15歳以上人口」により算出.
(出典)2006年版『国民生活白書』.

図表4-1　就業形態別女性の労働力率

分」は一度変わったら戻ることが難しい。新卒のときに正社員になれた女性で、結婚あるいは出産を機に仕事を辞める人は五〇％を超えている。

多恵子さんは祝福を受けて寿退社した。多くの女性と同じように。その後離婚するとは考えていなかった。そして、子どもが大きくなって手が離れたら、家計補助的に近所で短時間働くことを考えていた。このような女性たちが多いことから、女性の労働力率の変化はM字型となる（図表4-1参照）。

前方の山は、未婚者を対象にした正社員を中核とする若年市場（ここが近年、非正規化してきたことには後ほど触れる）。後方の再参入の山は、既婚者を対象にしたパートやアルバイトなどの非正社員の市場であり、中断を境にして二つの市場

（二つのキャリア）が分断されているのである。

シングルマザーの多くはもっと稼ぎたいと思っているのだが、実際は再就職する女性には非課税の水準（年収一〇三万円以下）の仕事が多く、そこから収入を増やし、正社員に転換していく道はきわめて狭い。といっても努力してなんとか正社員への道を探してはいる。

現在でも、男性には妻子を養う賃金を出すことを考慮する企業が多いが、女性が稼ぎ主であることを考慮する雇い主はまずいない。

日本の男女賃金格差は、男性一般労働者の賃金を一〇〇としたときに女性の一般労働者賃金は七〇・八％（二〇一二年）と発表されている（厚生労働省「賃金構造基本統計調査」）。これだけでは母子世帯の年収が有子世帯全体の三〜四割にしかならない理由にはならない。しかし子育てしている男女で比較すると男性を一〇〇とすると女性は三九で、格差は先進国最大であるという（OECD「男女間の格差縮小のために今行動が求められている」日本に関する資料）（図表4-2参照）。

子育て中の男女の賃金格差が直撃するのはシングルマザーの生活である。なぜなら、シングルマザーには男性稼ぎ主に頼ることはできないからである。

25～44歳フルタイム労働者の男女賃金ギャップの対男性賃金比率
（中央値ベース）

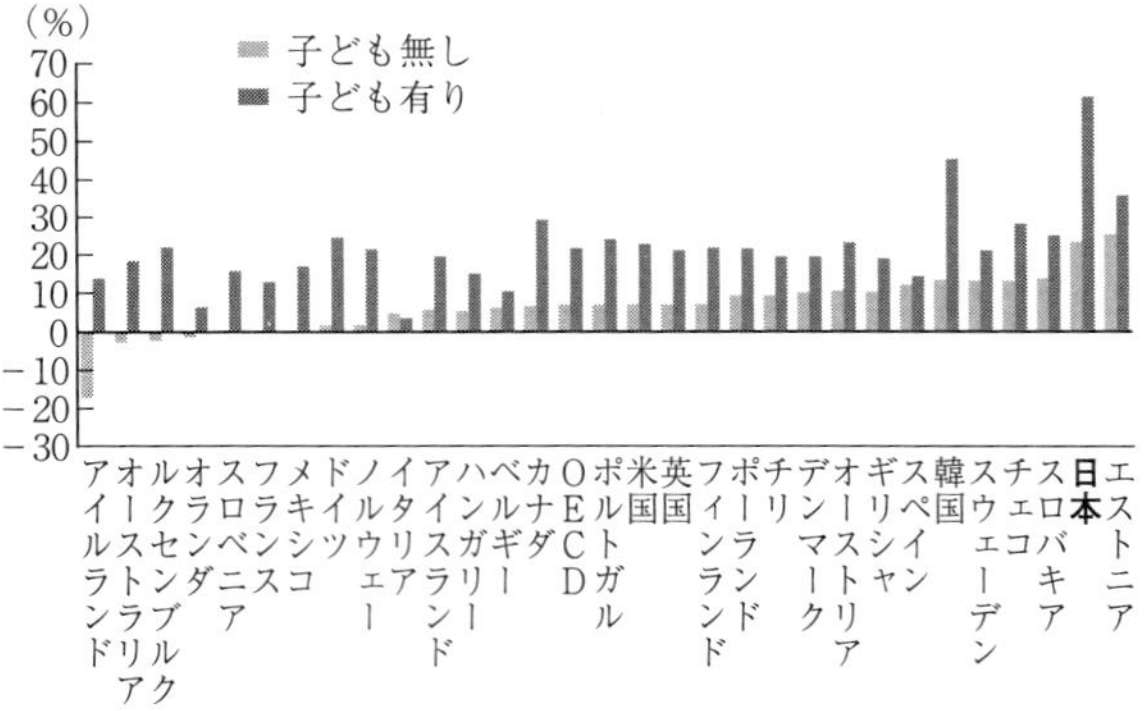

（注）2007～2010年の諸資料にもとづくOECD事務局推計．子どもの定義は16歳未満．日本は2008年値（テレビ報道）．国の並びは子ども無しの男女賃金ギャップの低い順．
（出典）OECD（2012），Closing the Gender Gap: Act Now－図13.3「OECD諸国を通じて母親であることは高くつく」

図表4-2　子どもの有無による男女賃金格差の違い

男性稼ぎ主型家族とシステム

日本社会の標準的な家族は「男性稼ぎ主型家族」で、男性が稼ぎ主となり女性は専業主婦となるか、家計補助的に働くように、さまざまな制度が設計されている。ひとり親家庭は、男性稼ぎ主型家族を標準とするシステムから排除されている。

そして、男女の給与格差は、年齢が高くなるほど拡大する傾向にある。教育費がかかる中年になると、これまで多くの男性正社員には右肩上がりの賃金が保障されていたが、女性の賃金は下がる一方なのである。

こうした現状は働き方だけでなく、

日本の生活保障システムと大きくかかわっている。経済学者の大沢真理さんは、生産・分配・消費にかかわる経済社会の構造を「生活保障システム」と呼ぶ。一九八〇年前後の先進国の生活保障システムには、①「男性稼ぎ主」型、②「両立支援」型、③「市場志向」型という三つの類型があるという(大沢真理『いまこそ考えたい生活保障のしくみ』岩波書店、二〇一〇年)。これらの型では、職場と家庭のあり方において性別役割や性別分業の標準や典型が前提とされている。

日本は①の「男性稼ぎ主」型の生活保障システムであるとみられるが、そこでは、「壮年男性に対して安定的な雇用と妻子を扶養できる「家族賃金」を保障するよう、労働市場が規制される(保障がすべての男性にいきわたるわけではない)。それを前提として、男性の稼得力喪失というリスクに対応して社会保険制度が備えられ、妻子は世帯主に付随して保障される。家庭責任は妻がフルタイムで担うものとされ、それを支援する保育、介護等のサービスは低所得や「保育に欠ける」などのケースに限って、いわば例外的に提供される」(同書)。

一方、北欧諸国では、女性も男性も職業と家庭や地域活動を両立し、稼ぐとともにケアをするべき存在とされるようになり、男女とも働きにみあった処遇と社会保障の対象となり、家庭責任を支援する社会サービスの対象ともなる。②の仕事と家事・育児の「両立支援」型の生活保障システムである。そこでは雇用の平等のための規制のほかに児童手当や、保育サービス、介護サービス、育児休業などが整備された。税や社会保障の単位は世帯ではなく個人となり、遺族給付が廃止された。

他方、イギリス、アメリカなどのアングロサクソン諸国は、③の「市場志向」型で、家族の形成を支援する公共政策は薄い。

日本社会は強固な男性稼ぎ主型の生活保障のシステムが、家族の在り方と、男性の生き方、女性の生き方に枠をはめ、誘導してきた。すなわち、男性は安定的な雇用と、家族を支える賃金と、社会保障を得られるように設計されている。家族を支える賃金には、子どもの教育費や住宅ローンを払うような賃金も含まれていると考えられる。また、この男性世帯主が働けなくなった場合、傷病、失業、老齢による退職などのリスクに応じて、妻子も保障されるようになっている。それは税制でも配慮され、税の所得控除も家族を支えるようになっており、配偶者がいる場合には年収一〇三万円以下で働く配偶者をもつ稼ぎ手には配偶者控除が適用されている。さらに年金制度でも、男性が厚生年金に加入し(第2号被保険者)、妻は夫に扶養され第3号被保険者として(年収一三〇万円以下等の条件で)保険料を徴収されることのない存在であるカップルが標準とされてきた。

こうした制度もあって、パートで働く女性の賃金は年収一〇三万円以下に低く抑えられ、家計補助的な賃金しか得られなくなっている。

その労働市場に夫と別れて暮らすようになったシングルマザーも叩きこまれることになる。このため、多恵子さんのように、非正規で働き続けなければならない。

『母子家庭の仕事とくらし』のアンケートでも多くのシングルマザーがパートで働いていて生活が苦しいと訴える。

――なかなか仕事がみつからず、とても困りました。理由は、年齢的なこと。希望する職業の経験が無かったこと。幼い子のいる母子家庭であること。が、主な理由だったようです。(中略)職安に行った時も、窓口の人に「母子家庭であるだけで、敬遠されることもあります」と言われました。(中略)市の福祉の方に相談に行ったこともあります。他の母子家庭の人は、どうやって仕事をみつけているのか知りたくて相談しましたが、「パートで生計をたてている人がほとんど」ということで、愕然としました。

(三四歳、離婚、正社員)(『母子家庭の仕事とくらし』)

パートや非正規の働き方にならざるをえない女性たちは賃金が低いままである。では起業すればいいと言われることもあるようだが、成功事例はあるかもしれないが、女性の起業家の個人所得は低いと言われている。

男性稼ぎ主型システムの中で女性の稼得能力の低さがシングルマザーの低収入の原因だと言ってよい。

正社員になりたいが

そうは言ってもシングルマザーはなんとか年収を上げようと配偶者控除の一〇三万円の壁や第3号被保険者の一三〇万円の壁を超えて働こうとする。

「正社員になるにはどうしたらいいですか？」「九時〜五時までの事務仕事で子どもと過ごす時間も確保しつつ正社員になりたい」とシングルマザーの多くが希望する。

それに対して「あなたは正社員になれる」とはとても言えない。

「即戦力を求められるから、履歴書や職務経歴書に書ける経験を増やしたほうがいい。急がばまわれ。最初はパートでもいいから、経験を積んで、二〜三年経過したら転職しよう。そのときに子どもが何歳になっているか、あなたの年齢が何歳か考えてみよう。子どもが小さいうちは病気をするので正社員になっても長く続かない。(保育所の)年長さんか、小学校に上がった直後ではなく一年くらいたって慣れてきたところだったら転職できるのじゃない?」

「年齢」というのは、四〇代のほうが三〇代より正社員への道は険しいからだ。「東京都ひとり親家庭支援センター(愛称:はあと)」の相談員は、「若い人には正社員になれる道がまだあるが四〇歳を超えるとなかなか厳しい。フルタイムパートで経験を積んでからステップアップしてほしい」と伝えている。

離婚して三~五年後に子どもが少し大きくなったころにわずかだが正社員になれる人もいる(ある程度経験が評価された場合)。あるいはパートでなく契約社員などやや安定した職に就ける人もいる。また派遣労働者でパートよりは時給が高いため、いつ派遣契約が切られるか心配しながら派遣で働き続ける人もいる。子どもの年齢が上がるとともに世帯収入がわずかに上がる傾向にはある。

そもそもこの男性稼ぎ主型システムが完成した一九八〇年代半ば、これほどまでに離婚が増えることは考慮に入れていなかったか、あるいは離婚したあとの母子家庭のことも考慮に入れてシステムを構築すべきだと考えられていなかった。年金の第3号被保険者制度は八五年に成立した。この社会でシングルマザーがどう生きるかは例外として考えられていなかったのだ。

シングルファーザーの不利

では、日本社会で、シングルファーザーはどうなのだろうか。この男性稼ぎ主型家族を標準的家族とするシステムから、シングルファーザーも排除されている。このシステムでは、男性は家庭責任を負わず、職場に長時間拘束されることが標準的な働き方とされている。シングルファーザーの多くは子育て責任をひとりで負うようになると、そうした長時間労働ができなくなるので、転職せざるをえないという(あるいは祖父母など親族に家庭責任を担ってもらう。しかし、その後介護という家庭責任を負わねばならなくなることも起こる)。

シングルファーザーの全国組織、全父子連の片山知行さんに話を聞いた。シングルファーザーの平均年間就労収入は三六〇万円で、シングルマザーよりも高く、生活がより安定しているように見えるが、ひとり親になったとたん、子どもたちのタイムスケジュールに合わせた働き方を選択する必要に迫られる。早出・残業が難しい、出張転勤が難しい、会社にいづらくなり、働く時間が減り、給料も下がる、社内の評価も下がり、結局リストラされるか、アルバイト扱いになる危機に直面するという(「ひとり親家庭の支援の在り方に関する専門委員会」片山参加人資料、二〇一三年)。つまり子育てを優先させると収入が減り、非正規雇用になってしまう人も出てくるのだ。

シングルファーザーは、住宅ローンなども妻の稼ぎをあてにしてローンを組んでいたりすると、持家はあっても「隠れ貧困」となる可能性が高い、と片山さんは言う。ひとり親になる前は七三％の父親が正規で働いているが、ひとり親になったあと五年後には正規で働いている人の率は六七％に減る。パート・アルバイトはひとり親になる前は一％に過ぎないが、ひとり親になった後の仕事について聞くと八％に増えている。

片山さん自身、運送会社の営業所長として子どもを育てながら働くことが困難で、両親の協力なしには乗り切れなかった。覚悟していたが〝茨の道〟だった、と言う。

関東に住む北村康則さんは、妻が突然倒れ一週間後に亡くなった。子どもは幼稚園の年長と二歳だった。折悪しくシステムの転換のため残業に次ぐ残業で働いていたときだった。子どもの面倒を見てもらうために近くに住んでいた両親に頼んだ。康則さん自身、ショックもあったのか体調が悪化し一か月も寝込んで休んだ。仕事に戻ったものの、本社までの通勤に一時間もかかり子どもの面倒を見られない。ダメもとで会社に聞いてみたところ地元の支社に異動できることになった。しかし、そこでも新しい仕事に慣れるためには遅くまで仕事をしなければならなかった。幼稚園と保育所の送迎などすべてを母親に任せていたら、数か月で母親がまいってしまった。そこで子どもの世話は分担し、寝かしつけと週末はすべて自分が見ることとした。二年経ってやっと心身の調子が戻ってきたという康則さんは、「職場の理解と自分の両親のサポートなしにはどうにもできなかった」という。

シングルマザーとシングルファーザーは同じ？

就労収入だけで比較すれば、まだそれでもシングルファーザーは三六〇万円、シングルマザーは一八一万円ではあるが、前よりも差が縮小している。だが、単純にシングルマザーもシングルファーザーも同じように苦しい、女と男が平等に近づいてきた、と受け取るのは早計だ。

シングルマザーもシングルファーザーも子育てと仕事を両立できるような働き方を望んでいる。しかし、それを実現することは男性稼ぎ主型の生活保障システムの中では、至難の業なのである。「ワーク・ライフ・バランス」という聞こえのよい言葉がはやっているが、ひとり親のワーク・ライフ・バランスを実現するのは至難の業だ。

気をつけてほしいことは、シングルマザーとシングルファーザーの状況が同じだと言っているわけではないことである。

男性稼ぎ主型社会では、女性の賃金は低いのでシングルマザーが低賃金の非正規に追い込まれワリを食い(排除され)、低賃金にあえぐ。なぜなら女性は、稼ぎ主として稼ぐことを想定されておらず、非正規の労働市場から抜け出しにくく、女性の稼得能力が低いからだ。シングルファーザーは、男性として稼ぎ主になることを期待されているのだが、家庭責任を果たすような働き方が許されず、安定した稼ぎ主の地位から滑り落ちていく。両者の困難は、それぞれ別のところから出発して同じ地点に近づいていっている。

この男性稼ぎ主型システムは機能不全に陥っている、と大沢真理さんは指摘する。だからこそ、ひとりで子育ての責任を負って働く〝茨の道〟を歩むシングルマザー、シングルファーザーが生きやすい社会を構想することが、すべての人が生きやすくなる社会を創ることになるのではないか。その道筋はジェンダーの平等の実現とつながっているはずだ。

親族頼みのひとり親

母親の賃金だけでは暮らせない、家賃が払えない。生活が成り立たない。父親も子育てと仕事をひとりでは担い切れない。ではどう乗り切ればいいのか。生活していくために親族と同居するひとり親は多い。親族等と同居しているシングルマザーは三八・八%、シングルファーザーは六〇・六%である(二〇一一年全国母子世帯等調査)。それは家賃負担など経済的な問題、子育ての担い手の問題によると思われる。

同居であれば、家賃負担が少なくて済む。同居親に家賃を払っている人も多いがそれでもアパートをひとりで借りるよりは負担額は少なくて済む。また食事を共にすれば、その分の食費を家計に入れているとしても、食事づくりの負担は軽減するし時間も浮く。そのほか、子どもとの関係がうまくいかなくなってしまったときにも、複数の大人がいることで子どもの逃げ場になっているという人もいるだろう。

東京の下町に住む島田紀子さんは六八歳の母親と同居している非婚のシングルマザー。年収は二四〇万円でメッキ工場の事務職員として働いている。母親が娘の子育てを手伝ってくれるので助かっている。母親には、家賃と食費で月五万円を渡している。


――祖父母のいない母子家庭は正社員で働くのは無理だと思う。私は祖父母の援助があるため、なんとかぎりぎり育児と両立しているけど、保育所のみではパートしかできないだろうと思う。

（三四歳）（『母子家庭の仕事とくらし③』）


しかし、ひとり親にとってメリットばかりではない。1章で触れたように親族と同居することで福祉の対象外となってしまう人も出てきた。

親族とひとり親の関係が必ずしもよくない場合には、葛藤があることも知っておいてほしい。育った家族の間での葛藤や対立が再燃してしまうこともあるのである。

親族援助の階層差

同居していなくても、親族からの援助がひとり親に大きな支えとなっているのは事実である。親族の援助は、所得階層によって差があるという。親族援助と階層差についての分析がある（岩田美香「母子家族と親族の援助――母親の学歴からみた階層性」二〇〇一年）。これは北海道のK市の母子家庭約五〇人に聞き取り調査をしたものである。そこで指摘されていることはとても興味深い。親の援助に着目してみると、本人の学歴によって離婚後の母子家庭の生活の支えられ方に差があるという。母親の賃金には学歴によってそれほど大きな差はない。だがたとえば、学歴の高い層では、家賃の援助、恒常的な金銭援助などが行われている。それは娘を高校よりも上の学校へ進学させることができるほどの経済力など、親の力の差によるところが大きいという。その親族からの援助によって生活の安定に差が出るというのだ。

章の冒頭に紹介した佳美さんはどうだっただろうか。彼女は紡績工場を辞めて地元に帰り、スナックで働いたが、その収入は父親のギャンブルに使われてしまっていた。その後、彼女が東京で子どもを産んだあと、生活保護を受給するときに扶養照会(親族に援助ができるかどうかを聞く手続き)をしようとする福祉事務所に彼女はこう言ったそうだ。「父親はギャンブルでお金を使ってしまう人。私が生活保護を受けたと聞いたら逆にたかってくるかもしれないからやめてほしい」と。親族援助の差がその家庭の安定にも影響する。

同じように遠くに暮らしていたとしても、親族があれこれ心配して米を送ってきたり子どもを援助してくれたりするひとり親と、まったく何も受け取らないひとり親とでは生活の安定やゆとりに大きな差が出てくる。

親族以外のつながり

では親族が近くにいない、あるいは手助けをしてくれる親族がいない人はどのように乗り切っているのだろうか。

母子生活支援施設(母子寮)にいることで、支えを得ている人もいる。

——今は母子寮に居ることができて恵まれている方だと思うが、退寮後のことを考えると不安がつきない。仕事はアルバイトなので、行事参加などのための融通はきくが、収入が不安定です（任意で雇用保険の加入ができれば少し安心だと思う）。就学後の方が子どもを見てもらえるところが少ないのが悩ましい。小学生まで見てくれる託児所、病児保育などができたら助かる人はたくさんいると思う。

（三五歳、パート・アルバイト）（『母子家庭の仕事とくらし』）

ご近所、ママ友、公営住宅入居など、近隣ネットワークがセーフティネットになるだろう。二〇年以上前の話で恐縮だが、私が保育所で子育てをした時代は、保育所で親同士が助け合う雰囲気があった。特に私が子どもと一緒に通っていた保育所は無認可の共同保育だったので、保育所帰りには自分の子とほかの子を自転車に乗せて家に帰りご飯を食べさせることも日常的にあった。遠出するときも誰かが自分の子だけでなくほかの子も連れて遊びに行ってくれた。私が小学生の子どもを叱り過ぎて子どもが家から出ていったときも、保育所の親たちが夜の小雨降る中捜し歩いてくれた。子どもたちは小学生になってからは本当に仲のよい友人となり、大人になってからもその関係は続き、困ったときにも相談し合っているようだ。

こうした関係も年代によって変化がある。ママ友、ご近所ネットワークをつくるのをためらう人が増えている印象はある。セミナーなどで聞いても保育所の保護者とのやりとりがほとんどない、と言う人も多い。迷惑をかけてはいけない、と思うようだ。先にちょっと迷惑をかけてしまえば関係ができていくのだが。その分、ある程度謝礼を払うことでサービス提供を受けるほうがいいという人が多くなった。ファミリーサポートセンターやホームヘルパー派遣事業などの充実や利用しやすさが死活問題ともなってくる。別れた夫との面会交流も葛藤はあるが、子どもを預かってくれるので自分がそのときに用事をすませられる、と割り切る人もいる。

二〇一四年三月、埼玉県富士見市のマンションで二歳の男の子の遺体がみつかり、ベビーシッター紹介サイトを通じてこの男の子と八か月の男の子を母親から預かっていた男が逮捕された。各紙の報道によると、このきょうだいの母親(横浜市在住)はシングルマザーで夜の仕事のために二泊三日の予定で子どもたちを預けていたという。事件後、見ず知らずの男に子どもを預ける母親へのバッシングが相次いだが、一方では夜間保育所やショートステイ(子育て短期支援事業)、トワイライトステイ(夜間養護事業)、ファミリーサポート事業などの不備とともに、半分以上のシングルマザーがショートステイなどを知らなかったという周知度の問題や手続きの煩雑さを改善する必要が指摘されている。

光江さんは正規職員→非常勤職員→派遣社員と非正規化の道をたどっていったのだ。

——正社員で二〇年勤めたのに昨年七月から自宅待機で給与も六割です。会社の方から別の会社にアルバイトに行くように紹介されて四月から勤めていますが、これから会社がどうなるのか先がわからない状態でとても大変です。もし解雇になったら、別の仕事も見つかるか心配ですが、そうなったら、母子家庭の親は優先して仕事を紹介してもらえれば助かるのに…。でも前向きに行こうと、思っています。

（三九歳、正社員・正規職員）（『母子家庭の仕事とくらし③』）

パート社員でも責任が重くなり、残業することを強制されるような職場もある。

——今いちばん真剣に悩んでいることは、会社の雇用形態です。現在勤める会社には離婚した後すぐ就職し、現在六年目です。フルタイムで社員並みの仕事内容で残業もしていますが、雇用形態はパートなのです。入社時に五年間働いて評価がよかったら社員になれますよと言われ頑張りましたが、不況のため今はその話もなくなってしまいました。（中略)子どものことが原因で一度解雇されそうになってしまいました。勤務先はパートの人でも正社員並みに残業するのがほぼ強制のようになっていて、それが当たり前のようになっているのですが、私は子どもが保育所に通っている間は六時までに迎えにいかなければならなかったため、ほぼ毎日定時(五時)で帰っていました。ある日上司に呼び出され、みんなと同じように残業できなければ次の契約で解雇するぞ、と脅かされるような感じで言われました。それは困るので保育所のお迎えを私の家族に頼み、できるだけ残業するようにして難を逃れました。でも正社員ではないパートの人間に残業できないことを理由に辞めさせようとするのはどうなんでしょうか? 正規の就業時間(八時半〜五時)はちゃんと働いていますし、早退などもしたことがないのに。おまけに「母子家庭だからと言って甘えるな!」とまで言われました…。ショックでした…。今は小学二年で学童保育に入っており自分で帰ってくるので気にせず残業できるようになったのでいいのですが…。

(三〇歳、離婚、パート)(『母子家庭の仕事とくらし』)

同じ責任のある仕事をしていても、パートという身分であるだけで、正社員とは賃金に大きな差がある。本来、正社員に任せていたような管理的な仕事をパートや派遣社員に任せてしまう。こうした状況は全国的に起こっている。

この二〇年間で、企業のグローバル化とともに製造業が海外に移転し、グローバルな企業間競争が激化したため、男女とも非正規化が進行したと言われる。しかし、男女とも同じように非正規化が進行したわけではない。女性のほうが正規雇用から排除されていったし、四〇歳以上の女性は特に正社員から排除され、さらに若い男女が排除されていった。そしてまた、非正規化したのは中卒・高卒の若者であったという(三山雅子「誰が正社員から排除され、誰が残ったのか」二〇一一年)。

今では多くの二〇代、三〇代で、非正規労働が増えている。新卒で派遣労働者にしかなれない若者、ブラック企業にしか就職できない若者が増えている。年収二〇〇万円以下の賃金で働く人が一〇〇〇万人を越え、二〇一三年の労働力調査によると非正規労働者の割合は働く女性の半分以上の五五・八%となり、男性でも二一・一%となった。様相が変わってきている。

こうした労働破壊の原点は主婦のパート労働だったのではないか。そこで初めにワリを食っていたのがシングルマザーだったかもしれない。今では広く非正規の若い男女が「食べていけないような労働」に追い込まれつつある。だからこそ、この性別役割に基づく男性稼ぎ主型システムの構造を転換したい。

保険料が高くて払えない

貧困層は、所得税は低いが保険料はかなりの額を払っている。たとえば、国民健康保険料は低所得者でも非常に高い。国民年金保険料はどんな所得の人も同じ定額なので、低所得層に負担率が高い。また生活保護は国民の二％しか受け取っておらず、その半分は高齢者である。社会保障給付のほとんどは年金と医療サービスで、子どものある世帯への給付は児童手当くらいである。

二〇一二年六月、しんぐるまざあず・ふぉーらむの事務所に「国民健康保険料が払えない」というメールが届いた。一五六万円の年収で国民健康保険料がなんと年間一九万四五〇〇円になるのだという。その森田知代さんに話を聞いた。

北関東のF市に住む知代さんは自営のピアノ教師をしており、息子さんが小学六年生。二〇一一年度の年収と負担は以下のようだ。年収が一五六万円で、所得税が三万二〇〇〇円、市県民税が七万七〇〇〇円、国民健康保険料が一九万四五〇〇円、国民年金が一七万九七六〇円。このまま払えば税と社会保険料で年間五〇万円近くになる。

市役所の税務課に分割納を相談すると、「分割は支払いができなくなってからでないと、できない」と言われ「支払えないのなら、お金を借りた方が滞納金より利子の方が安いので、借金をして支払うのも一つの方法」と言われたそうだ。子育て支援課に相談すると、「支払えないのならもっと働いたらいい。夜に働くとか。食費を減らす。学童を辞める(地震などもあったので六年生まで入れる民間学童に入れている)。車を処分する」と提案された。知代さんは「自宅も仕事場も駅から遠いので車を所有しており、持病もあり通院にも必要」と言うと「持病を抱えている人は他にもいるので関係ない」と応対され、「長時間歩いたり自転車に乗ると喘息の発作が出る」と説明すると「そんなの知らない」と言われた。「夜働くことに関して、子どもを夜一人にして大丈夫なのか」と相談すると「高学年なら一人にしても大丈夫。自宅がたまり場になったり、騒いだりしなければ大丈夫。通報されれば虐待になる。近所に気が付かれなければ大丈夫」ということだった。

知代さんは死にたくなり、私たちに相談してきたが、有効な手立てを伝えることはできなかった。子どもにさびしい思いをさせてまで税金を払わなければいけないのか、「子どもを産んだのは間違いだったのだろうか。生きている意味があるのだろうか。生きているのがつらい」と思ったという。

健康保険料が負担しきれないという理由からなのか、健康保険に加入していないと答えているシングルマザーが五・九%、シングルファーザーが四・〇%いる(二〇一一年全国母子世帯等調査)。

国民健康保険料が高いという声が多い。国民健康保険料は、①所得、②固定資産、③世帯人員一人あたりの定額(均等割)、④一世帯あたりの定額(平等割)の四つから構成される。所得と固定資産が負担能力に応じた「応能部分」、均等割と平等割が受益に応じた「応益部分」であり、所得に応じて軽減措置があるものの、低所得者には負担が重い。

毎年六月に国民健康保険料の通知が住民に発送されるが、二〇一三年には各地で住民からの苦情・問い合わせがあったという。杉並区では国保の資格係対応分だけで電話が六月一一日から四日間で九四七件、窓口対応は四日間で一八〇人だったという(『赤旗』二〇一三年六月一八日付)。

社会保険料もじわじわ上がっている。主に中小企業の社員やその家族が加入する全国健康保険協会管掌健康保険(協会けんぽ)の保険料率は二〇〇八年には八・二%だったが二〇一三年には一〇・〇%に上がった。負担は事業主と折半である分、負担は少ない。ひとり親向けに医療費の助成制度が各自治体であり、それについては5章でも触れたい。ただ保険料負担への助成ではなく、窓口負担の助成である。保険料の納付への援助ではない。

シングルマザーは「被用者年金に加入している」が四七・九％、「国民年金に加入している」が三六・〇％、「加入していない」が一六・一％にもなる。一方シングルファーザーは「被用者年金に加入」が五八・一％、「国民年金に加入」が二八・二％、「加入していない」が一三・八％となる（二〇一一年全国母子世帯等調査）。このままでは無年金の高齢シングルマザーとなってしまう。

主に自営業者が加入すると言われてきた国民年金は今ではアルバイトやパート労働者、契約社員など基準に満たないため社会保険に加入できない雇用者が加入している。パート労働者への厚生年金の適用拡大はごく一部二〇一六年から実施されたが、さらに社会保険の適用拡大が望まれる。

脱法行為も横行している。厚生年金の適用漏れの恐れのある事業所の数は六四～七〇万、適用漏れのある被保険者数は二六七万人にのぼるという。

都内に住むI子さんはパン製造直販の会社において製造部門で働いていた。子どもは小学二年生の非婚のシングルマザーだ。雇用形態は契約社員。早朝から毎日八～九時間働き時給は一〇〇〇円だった。年金保険料加入要件の年収一三〇万円、週労働時間三〇時間以上働いていたので、会社は社会保険に加入させる義務があるが、会社はそれを怠っていた。雇用保険にも

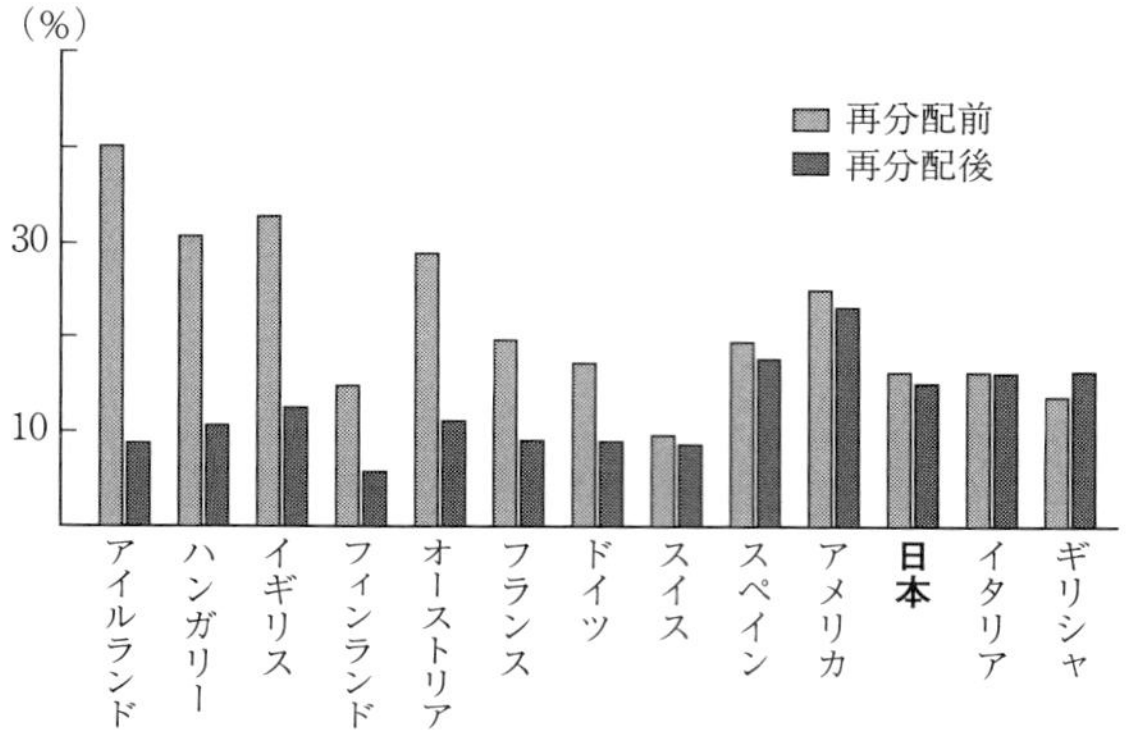

(注)▩のグラフから■のグラフに減っている分が政府による貧困削減効果.
(出典)ユニセフ「Report Card 10」より.

図表 4-4 再分配後の子どもの貧困率

加入していなかった。I子さんはこの点を経営者に指摘したが、結局いづらくなって退職することになってしまった。

もし、シングルマザーやシングル女性が四〇年間年金を免除にしていた場合には、国民年金の三分の一が支給される。年額で約二六万円である。一方で、四〇年間専業主婦あるいは年収一三〇万円以下、週の労働時間が四〇時間の四分の三以下の第3号被保険者であった場合には全額の七八万六五〇〇円が支給される。第3号被保険者は本人の収入がなく年金の保険料が払えないから負担させられないという理由だ。この差を説明できるだろうか。

所得再分配が機能していない

賃金や収入が低くても、それを補う社会保障があれば、生活は改善される。働いて得られる賃金をベースにした当初所得で貧困率が高くても、税や社会保障による再分配が行われれば状況は改善するはずである。税は所得の高い層から高い率で徴収し、所得の少ない層からは低い率で徴収すれば所得再分配が行われる。また社会保障は低所得の人に多く行われるようにすればよい。しかし、日本の生活保障システムの中で、社会保障の機能は、あまり働いていないようなのである。

子どもの貧困に詳しい国立社会保障・人口問題研究所の阿部彩さんによると、子どもの貧困率は、ほとんどの国では再分配後、再分配前に比べて大きく減少している。しかしながら、日本においては、再分配前と後の差がほとんどなく、政府の再分配機能の大きさからいうと、ギリシャ、イタリアに続いて下から三番目である（日本の子どもの貧困率は、二〇〇〇年代半ばには再分配後のほうが再分配前より高かった）（図表4-4参照）。

貧困層ほど性別役割意識が強く、不利な選択を

男性が妻子を養うだけの賃金を得ることが難しくなりつつある。それでも人々の性別役割意

識は変わっていないどころか逆に強まっているという（内閣府「男女共同参画社会に関する世論調査」二〇一二年）。

男性稼ぎ主型システムは、男性は稼ぎ手で妻子を養うべき、女性は家事・育児に専念すべきだという性別役割意識と結びついている。男性が妻子を養うという構造は、男性が優位に立ち女性は男性を支えると同時に男性に頼るという意識につながっている。

シングルマザーとして生きていくということは、結婚期間には男性に頼る行動パターンをしていた女性がそれを変えていくことでもある。たとえば、大型電気製品を買うときとか、どの家に住むかといった決断を夫任せにしてきたのが、シングルマザーになればひとりで行動し決断する責任を負っていかざるを得ない。しんぐるまざあず・ふぉーらむが開くグループ相談会やセミナー後の相談会に何度か参加しているシングルマザーを見ていると、彼女たちが徐々に徐々に自分で生きていくということを学んでいるのではないかと感じる。

皮肉なことに、性別役割家族を形成しにくい貧困・低所得層の人々のほうが性別役割意識が強いということが指摘されている。

母子生活支援施設を利用しているシングルマザーを対象に、進路選択、就業選択、結婚・出産、離婚などの生活実態に性別役割意識がいかにかかわっているかを調査した興味深い結果がある(中澤香織「シングルマザーの性別役割意識」二〇〇九年)。これによると、成育歴からの不利を抱え、進路選択でも経済的理由や情報不足から進学をあきらめている彼女たちは、「早く結婚して家庭をつくりたい」「育った家を早く離れたい」「よい母親になりたい」と思う傾向があるが、同じ階層の男性と出会うことが多いので、結婚相手も同じような育ちの男性となり「結婚によって食べさせてくれる」はずの男性はさまざまな問題を抱えていて結婚が破綻することが多い。彼女たちは働いても低学歴で不安定就労が多い。「小さな子を保育所に預けるのはよくない」といった意識をもっていたりする。

この調査によると、学歴・職業・収入をはじめ親族からの支援や近隣関係など比較的良好な者は性別役割を否定する傾向にあり、困難を抱えるシングルマザーは性別役割意識を持つ傾向にあったという。「教育・就職における不利など」制約的な状況ではかえって固定的な性別役割意識に疑問を持つことはないという。その結果、よりよい就業をめざしたりせず子育てに専念しようとして、より不利な選択を重ねる結果となっているという。章の冒頭に登場した「佳美さん」を思い出してもらいたい。

福祉を利用するか、男性に頼るかという選択のときにも男性への依存を選ぶ結果、痛ましい事件も起こっている。

二〇〇二年一〇月、岡山県倉敷市の県営住宅の一室で、一一歳の女の子が餓死しているのが発見され、母親が保護責任者遺棄致死の疑いで逮捕されるという事件があった。この母親は事件の一年前まではキャバレーの会計をし、キャバレーの寮で子どもと暮らしていた。住民登録をせず、子どもは学校にも行っていなかった。そして仕事がなくなり、岡山に来たがそこでも仕事がなくなり、公園で知り合った男性の家に居候した。しかし男性が入院して、収入源もなく居候を続けて子どもは食べ物がなくなって餓死した。母親も栄養失調で衰弱しきっていた。

事件の母親は、それ以前に母子生活支援施設(当時は母子寮)に子どもとともに入寮していた。母子生活支援施設を子どもとともに出て、そのまま彼女は住民票も出さずにいた。もしも彼女が子どもを連れて福祉事務所に行けば保護されたであろう。だが彼女にはそういう選択肢はなかったようだ。仕事を失ったあと彼女は放浪して公園で知り合った男性に頼る道を選んだ。

彼女は控訴審で執行猶予が付いて釈放された。私は地方裁判所の判決を傍聴し、また数年後に彼女に会いに行った。彼女は事件で障がいを負い車いす生活をしながら当時は施設で暮らしていた。支援している女性とともに一緒に亡くなった子どもの墓参りに行かせてもらった。裁判でも彼女が子どもをかわいがっていたことが認められたという。でもなぜ彼女は助けてとも言わず福祉を利用しなかったのだろう。私は彼女にどう聞いていいかわからないまま別れた。

答えはなかなかみつからないが、少なくとも言えるのは、彼女は福祉に不信感があり、男性に依存することを選択し、生き延びようとしていた、ということである。そして私は、そういう選択をする女性に少なからず会ってきた。女性たちが男性に頼って生きていくほうを選ぶのは、福祉を利用するときに書類の煩わしさや厳しい審査があるのに比べ、男性はそのようなことを言わない。そして男性に頼るのがあたりまえという情報のほうがこの社会でははるかに多く、行動と意識に深く刻み込まれているものであり、別の関係性を学ぶ機会もなかったということなのかもしれない。

男性稼ぎ主型システムはもう、今の日本社会に適合的なシステムとは言えない。にもかかわらず、いちばん不利な低所得層で性別役割に基づく結びつきに誘引され、あるいは排除される男女がいる。そしてその中でさらに子どもたちの不利や、時には命の危機が重なっていく。

風俗業で実現する「ワーク・ライフ・バランス」

シングルマザーが、ワーク・ライフ・バランスが取れる仕事に就くとしたらどんな方法があるのだろうか。職業訓練を受けてスキルアップしていくという方法もある。ひとり親の就労支援として、高等職業訓練促進費を使って看護師資格を取得することがもっとも収入の安定する道だと勧められている。たとえば三年間看護学校に通い、厳しい実習を受けて看護師資格を得る。三年間通い続けるにはかなりの体力と気力と学力と周囲の支えが必要だ。そこまでできなければ時給を上げる方法はほかにはないのか。

方法は、ある。

『出会い系のシングルマザーたち』(朝日新聞出版、二〇一〇年)の著者、鈴木大介さんに二〇〇九年に会った。当時鈴木さんはその本のために取材中で、多くのシングルマザーが出会い系のネットなどを使って、売春している事実を追っていた。会って、私は打ちのめされたような気持ちになった(本には元気なおばさんとして登場しているのだが)。

そして二〇一〇年、風俗で働いていたシングルマザーが、幼児二人を五〇日間熱暑の部屋に置き去りにし、死に至らしめた事件が起きた。

二〇一三年の夏、私は主にセックスワーカーとして働く人たちが安全・健康に働けることを目指して活動しているグループ「SWASH」の協力によって、大阪で何人かの風俗で働く女性たちと出会った。

そのひとり、マリーさんは三〇歳。六歳の男の子と四歳の女の子がいるシングルマザーで三年前に離婚した。

【風俗業で働くマリーさん】

マリーさんは風俗業に一五歳で勤め始めた。家出して風俗で働き始めたのは、別に家がいやだったからではなく、友人に家出しよう、と誘われたから。二〇歳で左官業の夫と出会い、仕事を辞めて専業主婦をしていた。離婚の理由はお金。借金だった。

離婚した当初は大変だった。初期費用ゼロの物件をみつけて引っ越し。暑い夏に冷房もなくて窓を開けてパタパタやっていた。子どもが小さいから生活保護を受けようとしたが、車があり受給できなかった。

工場で時給八〇〇円をもらって働いたが、子どもが風邪をひいて休んだらクビになった。生活していけないので一五歳からやっていた風俗業に戻った。でも以前はやせていたのに、太ってしまっていて普通に働くには大きすぎるし、「デブ専門」の店に行くほどには太っていないので店が決まらず困った。今は「人妻・熟女系」のお店で週三日昼間に働いている。月四〇万円くらいの収入になるのでそれで借金を返している。

借金は弟名義の車のローン、前の家の家賃の滞納分、カードの借金などで前にも一度自己破産しているので今回は破産できなかった。

風俗業の仕事をしているメリットは、子どもが病気のときに休みやすい、働いている女の子を大事に扱ってくれることだとマリーさんは言う。

デメリットは、世間に言いにくい仕事だということ。働いていないことになっているので、子どもがある日「お母さん今日仕事?」と言ったので焦ったこともある。収入証明が出ないので確定申告などがしにくいこともある。

今働いているお店は紹介で入った。働く店はよく見ないといけない。待機場所の雰囲気だとか。やばいところでは海外に売り飛ばされそうになったという店もある。働く風俗店を変えるのは難しい。今の仕事でシングルマザーということでの不平等はあまりないそうだ。

でもストレスはある。ストレス解消は、一年に二回のホストクラブ行きと、お酒。でも耳鼻科のお医者さんがお酒を止めてください、と言ったから二〇日間止めている。

子どもにはイライラすることがあるので怒鳴ってしまったりする。それから、男の子がサッカーをしたいと言っているけれど、親が付き添わないといけないので、やめてと言っている。

この仕事は三五歳くらいまでで辞めたい。行政は生活保護を受けるときは自動車をOKにしてほしい。そのあとは、ネイルとアートメイクの資格をもっているので、その仕事をしたい。

メニエールと、うつの病気がある。

『彼女たちの売春《ワリキリ》』(荻上チキ、扶桑社、二〇一二年)には出会い系の非店舗型で働く女性たちの状況が書かれている。出会い系で働く一〇〇人の女性のうち、一四人が子どもがいる女性でうち五人が離婚シングルマザー、一人が別居調停中、八人が非婚シングルマザーだったという。これだけシングルマザーが多いということは、社会の斥力(排除の力)が働いているということだと荻上さんは言う。精神的な病気を抱えている女性が多いこと、学歴が低く、被虐待歴もある女性が多い。

マリーさんのように、一回は工場で働いてみたが、子どもが病気になるといづらくなり、仕事を辞めたという女性もいる。ほかの風俗で働くシングルマザーに聞いても、風俗店が休むことを歓迎するわけではないようだが、しかし、そのほかの日に「指名」などを取っていれば、それほどうるさくないようだ。しかも風俗店で働くボーイさんたちは、女の子を大事に扱うという。意外なのだが昼間の事務派遣で遭うようなセクハラ・パワハラはないのだと私が話を聞いた四人ともが言った。風俗で働くというと、夜働くと思うかもしれないがマリーさんの働いている時間は、昼一〇時～一六時。昼間の時間帯なので子育てと十分両立する。

私が話を聞いた女性たち四人のうち二人には借金があった。マリーさんは以前に自己破産をしていたが、さらにいろいろな借金があるようだった。もうひとりの女性も元夫の借金をかぶってしまい、さらに弟の借金も返していた。

四人のうち三人は現役で、お客との「本番」のあるソープランドで働いていた。風俗で働くということは、非常に体力を消耗する仕事ではあるという。しかし、本番があるほうが疲れるとも限らず、本番がなくて客を満足させて金を払ってもらうには、かなりの技術がいるのだということも教えられた。

経費（写真代や衣装代など）もかかるので、収入は高いが、貯金はあまりできないという人が多かった。そして、あと数年で辞めるという話の中で、先にはエステやマッサージ、ネイルなどの仕事をしたいと答えていた。

キャバクラやスナック、セックスワークで働く女性たちが増えていると言われている。しかし、詳しい統計はないので、実際に増えているのかどうかはわからない。昔から変わらないと言う人もいる一方、店舗型ではなくデリバリーヘルス（デリヘル）など店に所属しないで働く女性が増えているという人もいる。

神戸で二人の子どもを育てながら働く柴原ゆうさんは、セックスワークの講座も開催している「ベテラン」だが、デリヘルは供給過剰になっていると話していた。供給過剰であれば単価は下がる。

ワーク・ライフ・バランスが取れた仕事に就きたい。それで子どもと一緒に過ごせる時間もあって、暮らしていけるだけの仕事に就きたい。これだけの望みをかなえるために、シングルマザーも、そしてシングルファーザーも、必死にならなければならない。住宅費も高い。必死に訓練を受けて収入を上げることを実現できる人もいる。運よく仕事に就けた人もいる。だが誰でも子育てしながらそこまで努力できるわけではない。あるいは、親族の援助を受けてやっていける人もいる。だが関係が悪かったり、亡くなっていたり遠方にいるなど親族の援助がない人も多い。働くことと子育ての両方をうまくやっていくという望みを実現するために、シングルマザーが性風俗の仕事に誘引され続けている。

5章

パイが拡大しないひとり親支援

これまで、ひとり親の状況について、多くのひとり親が経済的にも、時間的にも、精神的にも余裕のない生活を送っていること、その結果、子どもにもしわ寄せがきていることを伝えてきた。また、ひとり親家庭の就労収入が少ない理由には、日本における男性稼ぎ主型システムが大きな影響を与えていることも指摘した。

では日本社会はシングルマザー・シングルファーザーと子どもたちをどう遇してきたのだろうか。そして公的にはどのような支援の仕組みがあるのだろうか。はたしてそれは有効に機能しているのだろうか。

少ない生活保護受給世帯

生活に困窮している人々の支援というと、まず、生活保護を思い浮かべる人が多いだろう。ひとり親、特に母子家庭は貧困で、生活保護を受給していることが多い、という誤解があるかもしれない。実際には、ひとり親家庭の生活保護の受給状況は少ない。二〇一一年の全国母子世帯等調査によると母子家庭の母で「受給している」と答えた人が一四・四％、父子家庭の父では八・〇％である。裏を返せば、日本のひとり親は福祉に依存できない、とも言える。相対的貧困率は五〇％を超えているのに、なぜ生活保護を受けないひとり親が多いのだろうか。

日本では第一義的に自助努力と親族援助が奨励される。そして、病気、事故、死亡などの場合には、社会保険を活用するとされている。しかし、社会保険にカバーされない非正規労働者が増えているために(このこと自体が大きな問題であるが)、社会保険の仕組みからもれるワーキングプアが増えて「公助」に助けを求める人が増え、大きな問題となっているわけだ。

くり返し見てきたように、ひとり親の場合はまず就労率は非常に高いが、収入は十分ではない。自助努力は精一杯しているが、それでも収入は不足している。では共助の仕組みはどうか。ひとり親になったことに伴う困難を社会保険(＝共助)でカバーできるケースはごく一部だ。そもそもひとり親の中で遺族年金などが支給されるのは死別母子家庭に限定されている(二〇一四年度からは死別父子家庭にも拡大予定)。シングルマザーの中で死別家庭の割合は七・五％でこの中でも遺族年金の給付の条件にあてはまらない人もいる。「自ら選択してひとり親になった」とされる離婚などによるひとり親は、年金などのやむをえない事情をカバーする「保険事故」にはなじまないと言われている。

共助の仕組みを補完するものとして児童扶養手当がある。

児童扶養手当は、一九六〇年に創設された死別母子家庭に支給される母子福祉年金の補完的な制度として、翌六一年に生まれた。高度経済成長の時代に一気に受給者を拡大して、現在もシングルマザーの約八割、シングルファーザーの約五割を支えている。今は年金と別の制度ということにはなっているのだが、年金と同じように物価スライド制となり額が下がったり上がったりするなどやや年金と連動的な要素もある。だが、財源は一〇〇％税金であり、保険料ではない。児童手当などと同じような社会手当であると言われている。

そのほかに、ひとり親の支援としては生活支援や就労支援、養育費支援などがあり、また子どもに対する普遍的な制度として就学援助や児童手当、保育所などがある。

ここにひとり親家庭の支援の概念図を掲げる（図表5-1参照）。

児童扶養手当のほうがカバーしている

私が二〇〇六年から「反貧困ネットワーク」という団体の創設にかかわったときに驚いたのは、生活保護問題に取り組む人々の層の厚さだった。貧困問題の解決をめざし多くの弁護士、司法書士、ホームレス支援に携わる人々が生活保護問題に取り組んでいた。

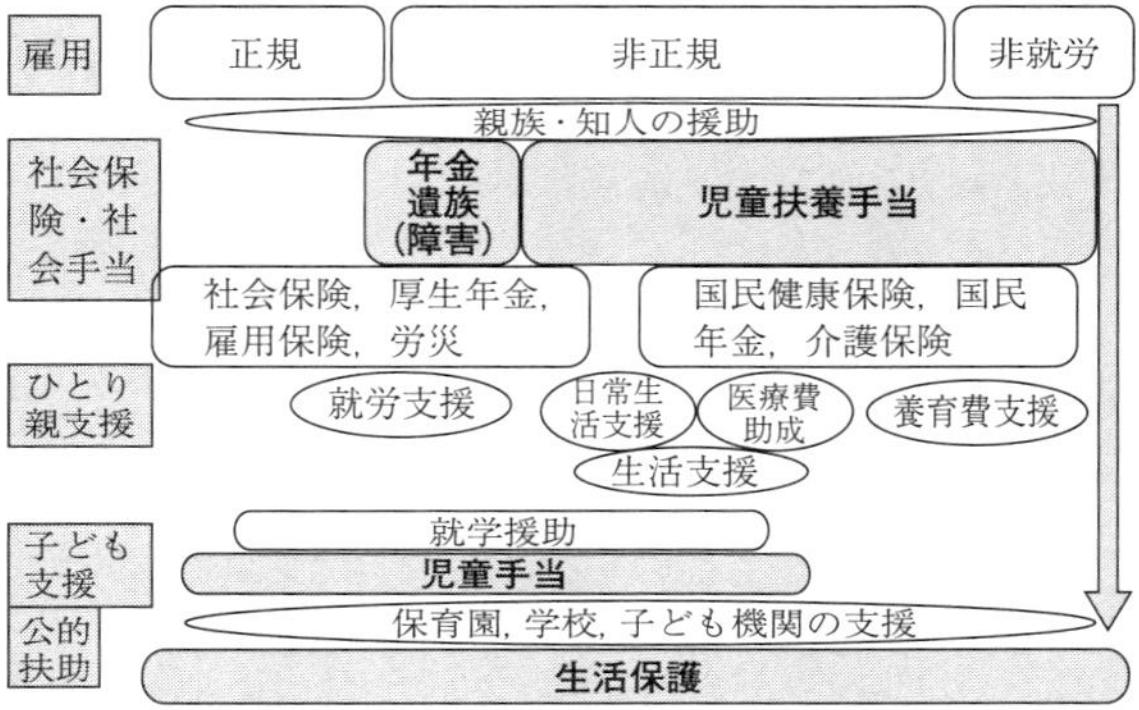

図表 5–1　ひとり親家庭の支援の概念図

一方で、これらの人々の間では、多くのシングルマザーが受給している児童扶養手当については、名前すら知らない人が多数いた。つまりあまり知られていない制度なのである。

しかし、この児童扶養手当は生活保護よりもひとり親家庭をカバーしている範囲は圧倒的に広い。一〇〇万を超える世帯が受給している児童扶養手当のほうが、万が一支給停止になったときの影響は文字通り致命的である。

児童扶養手当はほぼすべての子どもに支給されている児童手当とはまったく別物である。最近は「母子手当」といわれることも多いようだ。

児童扶養手当は、主に離婚など生別のひとり親家庭に支給される手当である。所得により月額四万二三三〇円（二〇一六年四月現在、子ども一人、満額支給の場合）

〜九九九〇円が四か月に一回支給されている。

平均年間就労収入がちょうどシングルマザーの平均と同じ一八一万円のひとり親世帯で小学生の子どもが一人の場合、月約三万八〇〇〇円の児童扶養手当が支給される。児童手当が一万円で一人分支給されるとすると、これによって家賃を払い、一四〜一五万円の手取りで健康保険料など税も負担しながら、なんとかやっていけることになる。

就労収入一八〇万円で児童扶養手当約四万円を受給しており、ほかに児童手当が一万円、つまり月収が二一万円くらいのひとり親の場合、小学生の子どもがいて、首都圏など生活保護制度でいう一級地に住んでいる場合は、生活保護の対象となり約五万円は支給される。同条件で生活保護費は約一万四〇〇〇円、そのほかに住宅扶助六万九八〇〇円を限度として支給されるからである。

こうして考えてみると、ひとり親家庭のおおよそ五〇％以上の人が生活保護を受けられると思われるのに、実際に受給している人はきわめて限定されている。

日本のひとり親家庭の多くは生活保護基準以下で暮らしているが、児童扶養手当があることで「かろうじて」生活を維持し、生活保護受給者とならない人が多い、ということになる。

母子家庭が生活保護を受給するということ

生活保護とは、働いたり、社会保険を利用したり、手当や私的な扶養などを利用してもなお生活できないときに申請すれば受給できる「公的な扶助」である。自助、共助、公助の仕組みの中の公助にあたる。受給できれば包括的な費用が支給されるが、「最後の砦」と言われるだけあって、生活保護を受けるまでにはハードルが高い。

全国で約一〇万世帯の母子世帯が受給していると把握されている(二〇一一年社会保障統計年報)。傷病世帯やそのほかの世帯にカウントされているひとり親家庭もいると思われるので、実際にはこの数字よりも多いと思われる。二〇一一年の全国母子世帯等調査では、一四・四%(二〇〇六年調査では九・六%)のシングルマザーと、八・〇%(二〇〇六年調査では〇・五%)のシングルファーザーが生活保護を受給していると回答している。二〇〇六年からの増加が急角度であることに危機感が募る。

私は、ひとり親が生活保護を受けない(受けられない)理由として、四つの要因を考えている。

①生活保護に対するスティグマ(差別的な烙印)が強いので受けるのをためらう

②自動車がないと生活できないが生活保護受給の場合は、自動車を資産扱いされて処分を指

【コラム1】 生活保護の同行支援

数年前，0歳から7歳までの3人の子どもを育てている友野真奈さん(30代)から電話をもらった．真奈さんは離婚後1年が経ち，調停で養育費の取り決めをしたが養育費は送られて来ず，3人の子が次々に持病で入院し，仕事のシフトにも入れてもらっていない状態だった．所持金を聞くと10万円程度だった．乳児がいて，それでも真奈さんは「保育士になる学校に通いたい」と相談してきたが，「生活保護をまず受けたほうがいい」と伝えたのだ．

家賃のわかる書類，預貯金通帳すべて，国民健康保険の書類など，事前に用意してもらって，所持金が5万円くらいになったときに真奈さんとお子さんひとりと一緒に福祉事務所へ行った．事前に，今日の目標はなんと言われても生活保護の申請書を出すこと，あきらめずに何度も「生活保護を申請したい」と言うことと確認した．また親族に連絡がいく可能性があることも伝えた．

相談員と真奈さんと幼稚園の子どもと一緒に午後3時半に相談ブースに入った．「元夫からの養育費が受けられないのか」「もっといい収入を挙げられる道はないのか」などと聞かれ，生活保護というものはほかの制度を利用した最後に申請できるものなのだ，との説明が続いた．それでも彼女はあきらめなかった．折を見て「生活保護を申請したい」と言い続けた．5時が過ぎた．相談員も閉庁時間が気になったのだろうか，5時過ぎに「では生活保護を申請しますか」と申請書が渡された．しかもその場で保護費を支給する緊急保護をかけた．

その間，私は子どもと遊びながら様子を見守っていたが，対応に不満を感じていた．にもかかわらず真奈さんが言った言葉に衝撃を受けた．

「今日の窓口の人は天使のようだった」．彼女ひとりで行ったときはどうだったのだろうか．

導される
③親きょうだいなど扶養義務者への扶養照会を避けたい
④申請に行っても申請書を出せない、いわゆる水際作戦などでなかなか受給できない
の四つである。

そのハードルを越えて生活保護を受給しているひとり親家庭の人とはどのような人たちなのだろうか。「甘えている」「怠けている」「国に依存している」「男がいるのに不正受給している」「パチンコをしている」などとも言われる。二〇一二年に芸人の母親の生活保護問題（この母親が不正受給していたというわけではない）に端を発したバッシング以来、「生活保護受給者の多くが不正受給している」かのような印象を持っている人が増えている。

生活保護を受給しているひとり親の半分は働いている。いろいろな調査を見ると、生活保護受給者のうち就労しているひとり親家庭は四〇〜五〇％程である。「生活保護母子世帯調査等の暫定集計結果」（二〇〇九年一二月）では四二・二％である。また被保護母子世帯では、「うつ病やその他こころの病気」をもっている人が三〇・八％であり、そのほかの病気も多い。六九・九％の被保護母子世帯がDV被害経験があったと答えており、その結果、健康を害し医師の診断を受けたことがある、そして子どもへの影響もあると答えている人が多い。また子どもの病気

きや体育履きや運動靴，謝恩会や卒業式や卒業生一同からの記念品やお世話になった先生方へのお礼，野外活動費と部活費，部活用具一式，合宿費など，細々とした支払い，大きな支払い，思わぬ支払いに，必死でした．

育ち盛りの子どもがいるので心配でしたが，肉や魚，野菜や果物は高いので削り，卵・納豆・豆腐・バナナ・人参などに全部切り替え，工夫しました．こんな時のバランスの取れた給食は，有り難いです．

まだ夏の制服のズボンと指定の水着と部活の服は買えていません．8月には，夏の合宿費や試合遠征費も掛かります．でも，子どもが，何とか，中学生活をスタートできたのは，支援を頂いたお陰で，本当に感謝しています．

生活保護費を10％下げて，消費税を10％に上げたら，とても苦しいです．中学生活／卒業・高校入試／入学・高校生活・その後……と，これから益々育ち盛りで，費用がかさみます．

早く稼げるようになって，健康も生活も安定して自立したい……と強く思います．生活保護より低い収入で暮らしていらっしゃる方がいらっしゃるのも分かってます．

なので，図々しい心配なのかもしれない……と思いつつ，ここの所，心配で胸が痛いです．

（『しんぐるまざあず・ふぉーらむニュース』82号，2012年6月より）

【コラム 2】 DV 被害のあと生活保護を受給している T さんからの手紙

いつもお世話になっております．

お恥ずかしい事ですが，私は，DV の別居離婚の後，心身の健康と，培った生活を失い，暴力やその外いろいろなショックから，PTSD やうつになり身体の治療の方もさせて頂き，早く自立をめざしたいと焦りながら，生活保護を受けています．この度，心配が膨らんで，しんぐるまざあず・ふぉーらむの事務所にメールさせて頂きましたこと，お許し下さい．

お笑いタレントの○○さんや□□さんのお母さまの生保受給の問題を機に，生活保護費の出費が増加しすぎてるから，保護費を 10% 削減する案を出したそうで，とても心配しています．10% とは，どこから出た数字なんでしょうか．テレビや雑誌，電車の中吊りでは，貰い得とか悪質な例ばかり，毎日のように，取り上げています．生保で，本当に助けられている人の例も取り上げて欲しいです．

生活保護＝悪いことのようなニュースや週刊誌での取り扱いをテレビやコンビニで目にして，心配が膨らんだり，申し訳ない気持ちになり，具合が悪くなっています．

今子どもは，中学 1 年生です．この春は，年度終わりや年度初めの支払いの会費，入学に必要な制服や体育着一式，制服の下に着る下着や指定の靴下，かばんや教材費，ノート一式，指定の音楽楽器，PTA 会費，上履

も多い。さらに、ここでも学歴の影響がある。全国母子世帯等調査によれば、中卒のシングルマザーの三三・五％、中卒のシングルファーザーの一七・八％が生活保護を受給している。

つまり、水際作戦や扶養照会などのさまざまなハードルがあっても生活保護を受けざるをえないひとり親世帯には、生活保護を受けていないひとり親よりもさらに多重的な困難が積み重なっている状態なのである。だからこそ、二〇〇五〜〇七年にかけて高校就学費と就労促進費と引き換えに行われた母子加算（ひとり親家庭対象）の廃止をしてはいけなかった。結果的に復活できたことで救われた家庭も多い。

恐る恐る付け加えておきたい。こうした多重的な困難を抱えているひとり親が誰から見ても「かわいそうな」様相とは言えないのである。たとえば月初めに生活保護費が入金された途端に（あるいは児童扶養手当が四か月に一回支給された途端に）（子どもには使わず）自分の衣服を買ってしまい月末に食費が滞るひとり親もいる。部屋はごみ屋敷に近く、食べ物があっても料理はせず腐らせている人もいるだろう。（結婚すれば救ってもらえるかもしれないと思って）婚活に高いお金を使う人もいるだろう。支援の現場にいれば誰しも遭遇しているのはそうした現実である。計画的な金銭管理や片づけや栄養のある節約料理ができるということはかなりの力がある人だ。そうした金銭管理できる力さえ、それまでの人生経験で育まれて来なかった人が多いのである。うつで動けないかもしれない。多重的な困難という中にはそうした状態も含まれている。その困難は表面的なところだけ見ればまったく違う見え方になってしまうのが、この問題を議論するときの難しさだと思う。

児童扶養手当制度の変遷

児童扶養手当とは、「離婚によるひとり親世帯等、父又は母と生計を同じくしていない児童が育成される家庭の生活の安定と自立の促進に寄与するため、当該児童について手当を支給し、児童の福祉の増進を図る」制度とされる（児童扶養手当法一条）。家庭の生活の安定と自立の促進が法の目的とされている。年金とは併給禁止であるため、遺族基礎年金、遺族厚生年金が支給される死別のひとり親世帯以外のひとり親世帯に支給されている。

◆児童扶養手当の概要（二〇一四年三月現在）

1．目的

離婚によるひとり親世帯等、父又は母と生計を同じくしていない児童が育成される家庭の生活の安定と自立の促進に寄与するため、当該児童について手当を支給し、児童の福祉の増進を図る。（二〇一〇年八月より父子家庭も対象）

2. 支給対象者
一八歳に達する日以後の最初の三月三一日までの間にある児童(障害児の場合は二〇歳未満)を監護する母、監護し、かつ生計を同じくする父又は養育する者(祖父母等)。
3. 支給要件
父母が婚姻を解消した児童、父又は母が死亡した児童、父又は母が一定程度の障害の状態にある児童、父又は母の生死が明らかでない児童などを監護等していること。
※ ただし、国内に住所を有しないとき、児童が父又は母と生計を同じくするとき、父又は母の配偶者に養育されるとき、公的年金等の給付を受けることができるとき等は支給されない。
4. 手当月額(平成二八年四月)
• 児童一人の場合全部支給:四万二三三〇円　一部支給:四万二三二〇円から九九九〇円まで
• 児童二人以上の加算額　[二人目]最大一万円　[三人目以降一人につき]最大六〇〇〇円
5. 所得制限限度額(収入ベース)
• 本人:全部支給(二人世帯)一三〇・〇万円、一部支給(二人世帯)三六五・〇万円
• 扶養義務者(六人世帯):六一〇・〇万円
(中略)
7. 予算額(国庫負担分)[二八年度予算]一七四六億円
8. 手当の支給主体及び費用負担
• 支給主体:都道府県、市及び福祉事務所設置町村
• 費用負担:国三分の一　都道府県、市及福祉事務所設置町村三分の二

(出典)厚生労働省「ひとり親家庭への支援施策の在り方に関する専門委員会資料等より」

児童扶養手当に母子家庭の貧困削減効果があることは研究でも明らかにされている。もとも

と当初所得で八〇%程度の相対的貧困率である児童扶養手当受給者が、手当を受給することで貧困率が一三・七ポイント程度下がることが実証されている（藤原・湯澤・石田「母子世帯の所得分布と児童扶養手当の貧困削減効果　地方自治体の児童扶養手当受給資格者データから」二〇一一年）。二〇〇二年以前の児童扶養手当制度には一九ポイント程度の削減効果があったといわれている。

先に見たように、より多くのひとり親家庭をカバーしている児童扶養手当は、一九八〇年以降、これまで何度も何度も削減の憂き目に遭ってきた。そのたびに多くの心ある人と当事者たちは反対運動を繰り広げてきた。

児童扶養手当は、一九六二年から八〇年までは制度の充実が進んだ。支給年齢が一八歳までに延長され、額も増額され、また国籍要件が緩和されるなど支給対象範囲も拡大されてきた。一転して八〇年からの三十数年は、常に受給者数は増加し、予算額は抑制されてきた。

削減されるにあたっては、その時々に「離婚時の生活の激変緩和に対応し、支給期間を限定する」「真に必要な世帯に重点化する」「父からの扶養により児童扶養手当を抑制する」「就労支援に力を入れる」などの目的について説明がなされてきた。

特に一九八五年の改定と二〇〇二～〇三年の改定が児童扶養手当制度の性格を変更する大きなものだったと言える。

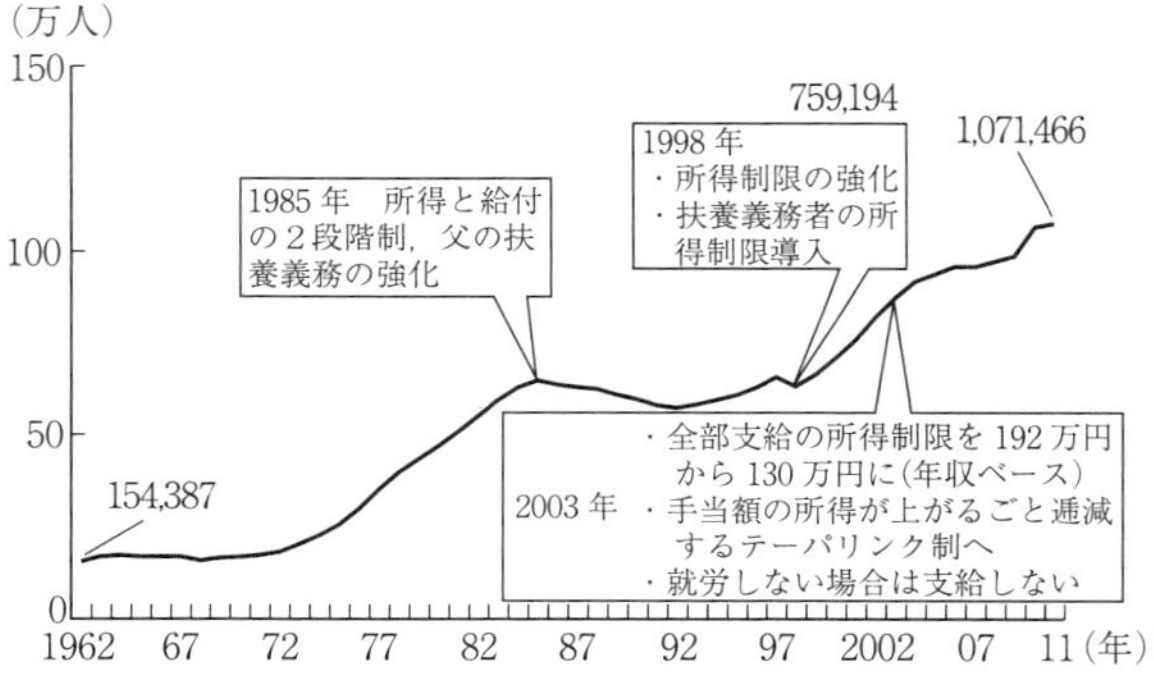

（出典）「ひとり親家庭の支援について」厚生労働省，2012 年 10 月に資料を加えて筆者作成．

図表 5-2　児童扶養手当受給者数の推移

創設時からの児童扶養手当の歴史を振り返ってみよう。

〔拡充期〕

一九五九年、国民年金法が成立し、この中に母子年金と母子福祉年金が創設された。

死別母子家庭の生活の安定を図るために妻自身を被保険者とする母子年金制度は、夫と死別した時点で、保険料が一年以上納付済みであるという要件があったため、対象外となる死別母子がいた。母子福祉年金制度は母子年金制度受給者以外の死別母子家庭に対し、全額国庫負担で支給する制度として発足した。翌年に母子福祉年金制度の補完的制度として、生別母子家庭にも全額国庫負担の手当を支給する児童扶養手当法が成立した（翌一九六二年に施行)。

一九六二〜八〇年までは児童扶養手当制度の拡充の時期であった。

- 公的年金併給禁止の緩和(堀木訴訟を契機に障害福祉年金および老齢福祉年金との併給容認)

※堀木訴訟とは、全盲で母子家庭の母だった堀木文子さんが障害福祉年金と児童扶養手当の併給禁止は憲法違反であると訴えた裁判。

- 児童扶養手当支給対象年齢の引き上げ(一九七五〜七七年)(義務教育終了前から一八歳未満まで)
- 国籍条項の撤廃(日本国民から日本在住者へ)

しかし、一九七〇年代を通して、離婚率が大幅に上昇し、児童扶養手当受給者が急増した。二度のオイルショックを経て、七九年には日本型福祉社会と家庭基盤充実政策がスローガンとして掲げられ、抑制への端緒が開かれる。大蔵省主計局が「未婚の母や蒸発といった社会道徳に反するような動機で母子世帯になった世帯にまで国庫の援助の手をさしのべることが、果たして福祉の向上といえるのかどうか」という疑問を呈したのも同時期である。

【コラム3】 児童扶養手当を 18 歳に引き上げる会

児童扶養手当の支給期間が 18 歳までに延長された背景には、広島で結成された「児童扶養手当を 18 歳に引き上げる会」(代表　畠山裕子さん)の存在があった.

児童扶養手当を 18 歳に引き上げる会編『せめて子供を高校に　離婚した女たちの希い　10 年のたたかい　そして今』1985 年

1972 年，児童扶養手当の存在を知らされず苦労してきた広島の母子家庭の母親たちが集まってできたグループは，児童扶養手当の支給期間を 18 歳までに引き上げるよう求める署名運動を始めた．74 年に初めての広島県交渉，続いて厚生省交渉．畠山さんらは夜行列車に乗って何度も厚生省への陳情を繰り返し，75 年に 18 歳までの 1 年ごとの段階的引き上げという成果を得た．必死の運動をしたメンバーの中には自分の子どもには恩恵が来ない母親もいたという．粘り強い働きかけは全国に広がった．

それでも子どもが 18 歳になったその月に児童扶養手当が切られてしまっていた．18 歳になった年の年度末(3 月 31 日)まで延長となったのは 1994 年のことだった．

〔八五年改革　法改正と支給要件の厳格化〕

一九八〇年、当時の厚生省は児童家庭局企画課長名で次々に通知を出し、「受給資格の認定を厳密にする」よう指示した。具体的には、①遺棄(離婚が成立する前の別居中)の認定基準の厳格化と遺棄調書を新設し、②事実婚の解釈を拡大し「同居していなくてもひんぱんな訪問かつ定期的な仕送りがあれば事実婚とみなすことにする」とし、③未婚の母子の調書の新設をした。

さらに一九八一年度予算案編成において、母子二人世帯の所得制限を三六一万円(収入ベース)から約二八〇万円に引き下げる案が提案された。だがこれは当事者団体からの抗議もあって阻止された。一九八〇年に「児童扶養手当の切り捨てを許さない連絡会」が結成され、同会は厚生省と交渉を持ち、さきの事実婚の定義の「ひんぱんな訪問あるいは定期的な仕送り」を「ひんぱんな訪問かつ定期的な仕送り」と「あるいは」を「かつ」として限定するようになった。同年一二月「必要以上にプライバシーの問題に立ち入らないように配慮する」など留意事項の追加通知も出させた。

しかし、受給者数は年々増え、予算縮減の圧力はこれでは収まらなかった。一九八一年に答申が出された第二次臨時行政調査会は社会保障制度の全体的見直しと児童扶養手当給付費の縮

「児童扶養手当の切り捨てを許さない連絡会」による厚生省前行動(1984 年)

減を要求、続いて支給費用の一部を都道府県負担とする提案や不正受給防止のため支給申請・継続等の事務の監査指導を強化する等の答申を出した。

そして一九八三年三月には厚生大臣の私的諮問機関である児童福祉問題懇談会が設置され、同会は一二月に最終報告で児童扶養手当制度の八五年改革の骨子を発表した。概要は、①社会保障全般にわたる見直しをする、②児童扶養手当制度の再検討期(母子福祉年金の受給者が減少する一方で児童扶養手当の受給者が急増。母子家庭自立のための環境改善、離別した夫の扶養義務責任等、年金制度の補完見直し)、③児童扶養手当は母子家庭の生活の安定と自立の促進を図り、もって児童の健全な育成に資することを目的とする福祉施策として独自の役割を担うべきである、といったものだった。

こうして出てきた一九八四年児童扶養手当法改正案は以下を内容としていた。

(1)所得制限の強化。前年度収入母子二人の場合三六一万円未満から三〇〇万円未満に。
(2)手当額の所得による二段階制の導入。
(3)父の所得制限導入。父母の離婚時に父の前年度収入が約六〇〇万円以上であれば支給対象外。

1985年都内で開かれた児童扶養手当改悪反対の集会．中央が筆者

(4)支給期間の有期化。一八歳未満の児童を対象に最長七年間とする(ただし、義務教育修了前に七年間を経過した場合は義務教育修了まで)。
(5)都道府県負担。給付費用の二割を都道府県負担とする。

少し遅れて三点が追加された。
(6)申請請求期限五年の導入。
(7)未婚の母子を支給対象外にする。
(8)父の資産調査権の導入。

この児童扶養手当法の「改悪」には、当事者団体だけでなく、有識者も幅広く反対運動を展開した(ちなみにそのときに私も幼い子どもを抱えて集会に参加するようになった)。

その結果、①所得制限による支給額の二段階制の導入と所得制限の強化、②都道府県の二割負担の導入が残り、父親の収入条項は凍結となり、ほかは修正された。

この児童扶養手当一九八五年改定の結果として、死別であるか生別であるかによって母子家庭に対する公的給付額に大きな格差が残った。すなわち、児童扶養手当は年金と切り離され、独自の社会手当(福祉手当)となったのである。他方、死別母子家庭には遺族基礎年金が支給されるようになり、児童扶養手当の額の二倍以上となった。死別母子家庭のほうが平均年収は高く生活の苦しさは同じであるにもかかわらず、である。また障害福祉年金との併給は再び禁止となった。

〔二〇〇二年改革〕

一九八〇年代後半、離婚率と離婚件数が一時的に低下する。理由については不明で、バブル期で離婚に至らなかっただけなのかもしれない。九〇年代中ごろから離婚件数は再び上昇、児童扶養手当受給者も増加した。九四年には年金法改正に伴って支給対象児童が「一八歳未満」から「一八歳となった年度末」へと改定され、ほぼ子どもが高校卒業まで支給されることとなった。

一九九三年、婚外子・非婚の母差別是正の声が上がり始めた。認知された婚外子に児童扶養手当を支給しないという政令は人権侵害であるとして人権救済申立てが出され、日本弁護士連合会は是正の勧告を当該自治体に出した。続いて大阪高裁でも違憲判決が出るなどして九八年の政令改正につながった(2章参照)。

しかし、バブルの崩壊後、離婚件数が急増し、児童扶養手当受給者数も増加、予算も拡大していた。このため、一九九八年の、次いで二〇〇三年の大改定が行われた。

中央児童福祉審議会では、父親からの児童扶養手当の費用徴収案も論議されたものの実現せず、一九九八年、厚生省児童家庭局長通知により、所得制限が四〇七万円から二〇〇万円(収入ベース、非婚の場合)と大幅に強化されることとなった。扶養義務者の所得制限も強化されたが、一方、施行規則の一部が改正され、父親からの認知による支給制限が撤廃された。

しかし、所得制限の引き下げだけでは児童扶養手当の縮減圧力は収まらなかった。離婚件数はその後もうなぎのぼりに増え、児童扶養手当受給者数は九〇万世帯になろうとしていた。

二〇〇二年四月、母子家庭等自立支援対策大綱が厚生労働省から出され、福祉の手当から就労・生活支援へと国の施策が転換された。「子どものしあわせを第一に考えた新しい母子家庭等自立支援対策の確立に向けて　自立支援対策大綱」である。この大綱では、ひとり親家庭に対する生活支援、就労支援、養育費の確保の支援、経済支援が行われることとなり、特に就労支援に力を入れることとなった。児童扶養手当制度については、その経済支援のひとつとして、離婚後等の激変期に集中的に対応するものとされた。

二〇〇二年八月、児童扶養手当制度の「改悪」が行われてしまった。内容は、①満額支給の所得制限額が年収ベースで一九二万円から一三〇万円に引き下げ、②一部支給の額が年収三六五万円まで逓減する方式に、③別れた子どもの父親からの養育費の八割相当額を児童扶養手当法上の所得に算入、④寡婦控除、寡婦特別加算は廃止であった。就労支援の強化の代わりに児童扶養手当がこそげとられるように削減された。その頃、しんぐるまざあず・ふぉーらむはこんな手紙をもらった。

――私はコンクリートの工場で働いています。コンクリートのブロックの面板を油で拭いたり、ブロックを並べたり、コンクリートのくずを運んだりする力仕事です。八時から夕方五時一〇分までの男の人と同じ肉体労働で、毎日休まず出て一三万円です。社会保険をひかれると手取りで一一万五〇〇〇円です。…不況なので給料も全く上がりません。一二月三〇日(二〇〇一年)の朝日新聞には母子家庭の就労支援意欲を促すという名目で、とありましたが、毎日重いブロックを動かして座っていても腰は痛いし、手首を使いすぎて痛いのに、これ以上どう働けばいいのでしょうか。子どもの生活時間に合わせた仕事といえば、××県では工場くらいしかありません。県営住宅に住んでいますが、家賃は一万四三〇〇円です。電気代、水道代、ガス代、新聞代、町内で集める集金、電話代、で給料の半分近くがなくなります。この××県の私の仕事場での給料では、食べていくだけがやっとです。

(中国地方に住むSさんからしんぐるまざあず・ふぉーらむへの手紙)

精一杯働いているシングルマザーに対してさらに就労意欲を促し、児童扶養手当の減額をする、という方針への怒りが語られていた。

二〇〇二年七月、養育費の申告書を現況届時に提出することとなったが、親族からの米や野菜の仕送りまで記入させる調書とともに、不正があった場合は懲役三〇年以下あるいは罰金が課される、という手紙が受給者に届いた。この調書は多くの反発で撤回された。

さらに同年一一月、母子寡婦福祉法改正が自民・公明・民主の賛成で国会を通過、〇三年四月、改正母子寡婦福祉法が施行された。児童扶養手当は五年間受給後は半額を限度に手当額が削減されることとなった。「母である受給資格者が、正当な理由がなくて、求職活動その他自立を図るための活動をしなかったときには支給しない」という条文も加えられた(児童扶養手当法一四条)。

そもそもなぜ五年で支給額が減額されてしまうのか。厚生労働省の国会答弁は「平均四・九年で児童扶養手当をやめているから」だった。しかしこれは根拠にはならないのではないか。就労支援の効果が上がって、児童扶養手当の所得制限以上に収入が上がれば支給打ち切りをしなくても受給できなくなる。その数年前の一九九六年、アメリカのビル・クリントン政権はシングルマザーが受給するAFDC(要扶養児童援助)の支給年限を五年間として就労していない場合は支給停止とするTANF(貧困家庭一時扶助)へと「福祉改革」を行ったが、これに酷似した改定だったと言えるだろう。しかし、アメリカのシングルマザーとちがい、就労率は高かったのだ。

また児童扶養手当の受給者は就労することが義務付けられた。当時、厚生労働省の担当者から「母子家庭の母親はやっぱり怠けている」という発言を聞いた。就労率が世界でも非常に高い八〇%超の日本のシングルマザーに対しての認識だった。「母子家庭の母親は、怠け者で不道徳で福祉依存だ」という偏見が実は行政や国会にもあったのではないだろうか。

就労支援の結果、就労収入が増えて所得制限を「超えて」受給者が減るということはなかった。「絵に描いた餅」「就労支援ミスマッチ」と報道された。

二〇〇五年児童扶養手当の国庫負担率は、三位一体の改革により、四分の三から三分の一へ引き下げられた。

「児童扶養手当を切らないで」と訴えたシングルママアクション（東京・表参道，2007 年 10 月 14 日）

〔就労証明等により継続受給できるように〕

五年後に児童扶養手当はどうなったか。五年間で就労支援が効を奏しシングルマザーの年収が上がったのだろうか。結果は厳しいものだった。しんぐるまざあず・ふぉーらむなどの働きかけや、貧困問題への注目が高まってきたことなどから、二〇〇七年秋「児童扶養手当の五年間受給後の半額に減額」の条文は「凍結」となった。

二〇〇八年四月、五年間受給後あるいは七年間経過後は半額に削減（一部支給停止）となるが、働いている証明などとともに「児童扶養手当一部支給停止措置適用除外届」を提出すると継続支給できるようになった。しかし、適用除外届の意味がわかりにくかったため、未提出が多く、混乱もあった。「児童扶養手当の継続支給のために手続きをしてください」と伝えたらよかったのではないだろうか。

二〇一〇年八月には、児童扶養手当法改正。二〇〇九年に結成された全国父子家庭支援連絡会の働きかけにより、支給対象に父子家庭が加えられた。大きな成果だった。

この三〇年間、児童扶養手当は受給者数の増加とともに削減され、くり返し予算を抑える改定が行われてきた。後でも触れるように、母子家庭あるいはひとり親家庭に対象を絞った支援、あるいは現金給付というものが厳しい批判にさらされやすいということは、正直受け止めざるを得ない。

それは、離婚によるひとり親家庭の増加という事態に対して、まだまだ「勝手に離婚したのに手当をもらっていい思いをしている」という批判が大きく、「次世代を育てるひとり親家庭の子どもたちには十分な支援をすべきだ」という社会的合意ができていないことによる。そしてそのような批判を利用して、児童扶養手当予算はこれまで都合よく抑制されてきた、ともいえるのである。

ひとり親家庭への中間的セーフティネットとして機能する児童扶養手当を縮減していったらどうなるのか。図表5-1を思い出してほしい。最後のセーフティネット、生活保護の受給を余儀なくされるひとり親家庭が増えていってしまうだろう。つまり現在の児童扶養手当制度は生活保護費をかなり抑制する効果も持っているのである。

検証なき就労支援施策

母子家庭等自立支援対策大綱に基づいて、二〇〇三年から、児童扶養手当予算の削減と同時に就労支援、生活支援、養育費確保の支援が徐々に始まっていった。各都道府県、続いて政令市にも「母子家庭等就業・自立支援センター」が設置され始めた。

ひとり親支援、特にシングルマザーの支援は一見、支援メニューがたくさんあり充実しているように見える。しかし、制度の周知度は五〇％以下、利用率は五％以下が多い。またホームヘルパー派遣事業が自治体の施策に書いてあったとしても、実際には利用するのは難しい。

二〇〇三年から始まった就労支援策には、以前からある特定求職者雇用開発助成金や職業訓練校での訓練制度などに加えて、①高等技能訓練促進費制度、②自立支援教育訓練給付金制度、③常用雇用転換奨励金制度、④母子家庭等就業・自立支援センター事業、等がある。

それぞれどのような施策なのか主な施策を振り返ろう。

○2004年に母子及び寡婦福祉法，児童扶養手当法等が改正され，「就業・自立に向けた総合的な支援」へと施策が強化された．
○具体的には，「子育て・生活支援策」，「就業支援策」，「養育費の確保策」，「経済的支援策」の4本柱により施策を推進中．

母子家庭及び寡婦自立促進計画
（地方公共団体が国の基本方針を踏まえて策定）

子育てと生活支援
- ◎保育所の優先入所の法定化
- ◎ヘルパーの派遣などによる子育て，生活支援策の実施
- ・サテライト型施設の設置など母子生活支援施設の機能の拡充

就業支援
- ○母子家庭等就業・自立支援センター事業の推進
- ◆個々の実情に応じた，ハローワーク等との連携による母子自立支援プログラムの策定等
- ・母子家庭の能力開発等のための給付金の支給
- ・準備講習付き職業訓練の実施等

養育費の確保
- ◎養育費相談支援センターの創設
- ◎養育費支払い努力義務の法定化
- ◎「養育費の手引き」やリーフレットの配付
- ◎民事執行制度の改正による履行確保の促進

経済的支援
- ◎児童扶養手当の支給
- ・自立を支援する観点から母子寡婦福祉貸付の充実

（注）上記のうち，◎は，父子家庭も対象，○は，事業の一部に関して父子家庭も対象．◆については，2012年度予算において，父子家庭も対象に．
（出典）社会保障審議会児童部会ひとり親家庭への支援施策の在り方に関する専門委員会資料より筆者作成．

図表5-3　母子家庭の自立支援策の概要

〔①高等技能（職業）訓練促進費制度〕

この制度は職業能力開発を行う事業であり、就労支援の中では実績を上げている制度である（労働政策研究・研修機構「シングルマザーの就業と経済的自立」二〇一二年）。看護師、保育士、理学療法士、作業療法士、美容師などの国家資格を取得する学校に二年以上修学する場合、最後の三分の

一期間のみ住民税非課税世帯には一四万一〇〇〇円（住民税課税世帯は七万五〇〇〇円）を給付する制度として発足した。その後二〇〇七年には最後の二分の一期間となり、さらに〇八年から全期間を通して一四万一〇〇〇円が給付となり（このときには大学進学も可能であった）、一二年からは三年間一〇万円給付となった（一般失業者向けの求職者支援制度に合わせて減額された）。二〇一三年からシングルファーザーにも対象が拡大された。

この制度については、修了者の正規雇用率も高く、給料も比較的高いため、リターン率のよい制度であると検証されている（ひとり親家庭の支援の在り方に関する専門委員会における周燕飛発表資料より）。

実際に、この制度を利用して勉強している人は年々増加している。二〇一一年度の総支給件数は一万二八七件、同年の資格取得者数は三〇一六件（看護師一一〇五人、准看護師一三七七人、介護福祉士二四七人、保育士一四三人等となっている）。准看護師が多いのは二年の修学期間で資格が取得できることなどが影響していると思われる。このうち常勤就業に結びついた人数も多く、看護師九八六人、准看護師七九五人、介護福祉士一七四人、保育士一一九人等、となっている。

看護師になるまでの投資は一人あたり三六〇万円となるが、給与所得も上がるので児童扶養手当の所得制限を超えることが予想され、支給停止となるので予算削減効果がある。しかし、看護学校などに入学できる人は勉強ができ意欲のある限られた層になってしまい、そこにかなりの予算を使うことには疑問も投げかけられている。

私は、少ない予算の中でも高等職業訓練促進費に就労支援の予算をある程度使うことは意味があると考えている。就労講座を繰り返し受講してパート就労を反復するよりは意義が大きい。なお、准看護師は中卒でも資格取得が可能である。中卒・高校中退の人へのチャンスとして貴重である。

だが、4章でも触れたが、ここまでできないシングルマザーへの支援もまた必要である。

〔② 自立支援教育訓練給付金制度〕

この制度は、雇用保険の教育訓練給付の受給資格がないシングルマザーにも同等の資格を与えるものだ。受講料の二割相当額(上限一〇万円)が還付される制度で、対象となる教育訓練講座はホームヘルパー、医療事務など(社会福祉士、精神保健福祉士、社会保険労務士などの例もわずかにある)が多い。二〇一一年に一一五九件で減少傾向にある。支給が講座修了後であることなども影響していると思われる。就労実績は非常勤やパート就労が多いがステップアップの可能性もあるとされている。自己資金がかなりないと使えない制度ということになる。

〔③ 常用雇用転換奨励金制度〕

この制度はパート就労のシングルマザーを常用雇用にした場合、雇い主に三〇万円を支給する制度である。二〇〇三年から〇六年までに全国で九二件しか転換者がいなかった。企業主にとっては三〇万円で常用雇用とするメリットは少ない。最初から批判の多かった制度だが、四年間の実績はあまりにも少なかった。結局子育て支援の管轄からハローワークの管轄で行われるようになった。

〔④ 母子家庭等就業・自立支援センター事業〕

都道府県、指定都市、中核市合わせて全国に一〇七か所のセンターがある。が、名前から想像するような多機能なセンターではない。相談員が二〜三人いて、就業相談・助言を行うとともに、求人開拓を行い、就業支援講習会を実施するというものである。ほとんどの都道府県等は母子福祉団体に委託し一部の自治体が社会福祉協議会に委託している。二〇一三年から父子家庭の父親も対象となった。

地域格差の大きい母子家庭等就業・自立支援センター

各地の母子家庭等就業・自立支援センターを訪問すると、なかなか厳しい現実が見えてくる。

2章で登場した恵美さんと仕事探しのために市の母子家庭等就業・自立支援センターへ相談に行った。恵美さんは、今すぐフルタイムの仕事に就くのは大変だが、かといって夜のレストランのパートだけでは厳しいので、昼間の短時間の仕事か在宅就労を希望していた。

その市の母子家庭等就業・自立支援センターは、母子福祉センターが兼ねており、総合福祉センターの三階に入っていた。中に入ると節電なのか暗く、中はシーンと静まりかえっていた。利用者が少ないのだろう。相談室に案内され中年女性の母子相談員が応対してくれた。職を探しているというと、車で一〇分ほど離れたハローワークの求人情報をA4の紙にまとめたものを見せてくれた。

子どもの数や年齢、これまでの生活歴、希望条件など基本的なアセスメントもないまま、「在宅就労を希望している」と言うと、内職なのね、と内職情報を出そうとしてきた。あわてて恵美さんの事情(DV被害から離婚したこと、子どもが五人いること、生活は非常に厳しいこと、子どもたちへのDVに関する影響が心配で今は在宅を望んでいるが、ゆくゆくはフルタイムで働きたいという希望をもっていること)を話し、しっかり応援してほしいと伝えた。相談員は人柄のよい人と思われた。支援については着任してから二か月だから、と前年度まであった在宅就業支援の状況について知らないこともあるようだった。

この市では子ども支援は(DV相談も含めて)子ども総合支援センターで相談することになっている。そのほかにハローワークとマザーズハローワーク(子育てしながら就職を希望している人向けのハローワーク)が別の場所にある。ハローワークでは、公共職業訓練や求職者支援制度が使える。施策はバラバラのところで行っていて、ほかに児童扶養手当の申請や手続きは自治体のこども支援課が行うことになる。シングルマザーは、仕事を探しに行くとしても何か所もまわることになる。

少なくともこの市では独自の求人開拓がないのであれば、最初からハローワークかマザーズハローワークに行ったほうが手間は省けると思われた。念のために言い添えるとこの母子相談員は「しっかり支援してほしい」という私の言葉を受け止めてその後も恵美さんに情報を届けてくれた。相談者が少ないために相談スキルをアップすることも困難に思えた。この母子家庭等就業・自立支援センターは平日の午後パソコン講座を開いている。夜や土日でないと出席できない人のことも考慮すべきだろう。

私が別の機会に訪問した東北のB県の政令市の母子家庭等就業・自立支援センターは福祉関係の団体が多く入っている福祉総合センターの三階にあり、ハローワークとはだいぶ離れていた。県母子寡婦福祉連合会が受託、相談員二人を雇用しており、母子寡婦福祉会の事務所も同じところにあった。ここも相談は週に二～三人ということで、相談者にはハローワークの求人票をプリントして渡していた。平均的な母子家庭等就業・自立支援センターはこうした姿になっていると思われる。またホームページはほとんど更新がなく、情報量も少ない。利用者の視点からのセンターにはなっていなかった。相談員によると「相談は少ないが、母子寡婦福祉連合会の事務もあるから忙しい」ということだった。

別の関東圏のC県の場合は、母子家庭等就業・自立支援センターを最寄駅から歩いて二〇分以上かかるところにある男女共同参画センターに併設していた。土曜日でも相談はほとんどないようだった。

「福祉から就労へ」というかけ声はあっても、各自治体でそれを実現するためには母子家庭等就業・自立支援センターをどう配置すべきなのか。ワンストップ性を高めるためにはどの施設の中に置くべきなのか。男女共同参画センターとハローワーク、マザーズハローワーク、福祉窓口、このどこと接合させるのか、各自治体が苦労を重ねている。

独自に努力している自治体もある。たとえば、ワンストップ性を高めるために「京都府ひとり親家庭自立支援センター」は、京都テルサという大きなジョブパーク(京都府の総合就業支援拠点)の建物に入っている。そこの東館二階にはワンフロアにマザーズジョブカフェ(子育て中の女性の就労を応援する総合窓口)があり、その中にひとり親自立支援コーナーがあった。京都府男女共同参画センター「らら京都」も同じフロアにある(DVを含めた女性相談はこちらで受けられる)。一時預かりの託児ルームがあり、保育コンシェルジュがいて保育所探しのアドバイスをしてくれ、パソコンで求職ができ、さらにひとり親向けの相談が受けられ就職支援セミナーの申込みもできる。さらに就職したあと、保育所に入れない場合は一年を限度に託児をすることになっている。シングルマザー向けのママカフェも毎月開催している。スーツの貸し出しコーナーもあった。

京都府ひとり親自立支援コーナーの来所相談件数は二〇一二年度で年間一七八五件、電話等一二〇八件、計二九九三件、就業実績は一二年度で二二三人あったそうだ。マザーズジョブカフェだけに行って、ひとり親への相談には行かないシングルマザーもたくさんいるということであった。しかし、それでも相談件数が多いのは、やはりアクセスのよさとワンストップであることが大きいだろう(ひとり親支援課は別)。

「東京都ひとり親家庭支援センター(愛称:はあと)」は、生活相談と別に飯田橋の東京しごとセンター(若年者から高年齢者まできめ細かい就職支援を行うセンター)の中に「はあと飯田橋」を置き、ひとり親に限定した就労支援を行っている。二〇一二年度の相談件数は二九四三件、就職実績数は九五件である。

女性に限定した就業支援にはマザーズハローワーク、ハローワークのマザーズコーナーがある。はあと飯田橋の特徴は、ひとり親ならではのさまざまな困難を抱えた人が来所するので、個人個人の現状を聴き取り、利用者の側に立った支援を行うことである。仕事の紹介だけにとどまらず、職業訓練等スキルアップの方法や子育て支援情報の提供など一緒に考えていく姿勢で行っている。また、ひとり親家庭の親が仕事と子育てを両立できるように、企業に条件交渉をしたり、求人開拓も行っているという。

「来所するシングルマザーは事務職希望の方が多い。その人のスキルや経験などキャリアによっては、年齢を重ねても採用される場合もある。しかし、正社員という雇用形態と、ある程度満足できる収入の両方を得るのは難しいことが多い現実も知っていただくようにしている。センターに寄せられる相談のうち、退職勧奨やパワハラなどの仕事をめぐるトラブル相談については、同じ建物内の東京都労働相談情報センターをご案内している」ということだった。

全国各地を回っての結論は、母子家庭等就業・自立支援センターを有効に活用させるには単独では無理だということだ。ほかの機関と連携してワンストップセンターとして機能させ、地理的なアクセスをよくし、土日などにも相談を受けるなど利便性を高め、周知度を上げることが必要だ。その上で、たとえば同じ建物にハローワークと母子家庭等就業・自立支援センターを配置したとして、そのセンターを利用する役割を作り出さねばならない。ハローワークとの棲み分けを定義し、効率を高め、ユーザーの負担を減らすべきだと思う。

一〇年以上経過した母子家庭等就業・自立支援センター事業に対して客観評価を入れねばならない。京都とB県のような地域間格差を減らすためにも地方自治体は委託先の選定に多様な団体を候補にしてもらいたい。自治体によってはそもそも実施していない県もある。すでに委託事業を止め、母子家庭等就業・自立支援センター事業を各福祉事務所の個々の母子自立支援員に担わせているところもある。それも一つの選択肢ではないか。

在宅就業支援の怪

二〇一〇年から始まったひとり親家庭対象の在宅就業支援については、どういう経緯でこの事業が始まったのかもわからないまま突然巨額の資金が投入された。

母子家庭への在宅就業支援は、ダブルワークで子どもが放置されるのを防ぎ、在宅で子どもを見ながら仕事ができるようにするのが目的であると言われた。在宅就業の講座に通う基本講習の間、月に五〇時間程度の研修を受講する。三か月は月五万円の研修手当を支給、その後、応用研修の場合には三万円の手当を三か月支給するというもの。自治体ごとに研修内容と委託先を決めるが、パソコン、ウェブ構築、ビジネスサポート、テープ起こしなどさまざまな研修が行われる。卒業して仕事のあっせんも受けられるが、保証はされていない。つまり当初から、在宅就業をメインに働くのではなく補助的に稼ぐための訓練だった。

国の「安心こども基金」に事業分の二五〇億円が積み増しされて都道府県に配分された。「名古屋市の担当者は「どういう分野が考えられるのか。採点のデータ入力作業などを想定し、受験産業に当たっているが、苦労している」と漏らす。同市では二〇〇人を訓練する予定だが、予算の三億九〇〇〇万円のうち、三億円が研修業者への委託料だ。成果がなければ「業者へのばらまき」というそしりを逃れない」(『東京新聞』二〇一〇年八月一四日付)と報道された。

三年後の二〇一三年に発表されたデータによると、四五都道府県市区(二〇一三年一月現在)で受講人数(累計)六六五一人となっている。仮に二五〇億円を六六五一人で割れば一人あたりの財政コスト三八二万円。この訓練費用は一人あたりの高等技能訓練促進費に匹敵する。内容としては、IT関係(ウェブ構築、テープ起こし、ワード・エクセル)やコールセンター業務、リフォームなどの研修が行われた。

この予算とその成果については詳しい資料が公開されていないので不明である。

二〇一二年に北海道で委託された業者、北海道総合研究調査会の岡田織江さんは「業務の発注金額については、業務によります。月額報酬としては、三〇〇〇円～一万円程度となっている」(「ひとり親家庭等の在宅就業支援サイト」より)としている。時間単位は不明だが、月に三〇〇〇円から一万円はいかにも安い。

関東圏内で在宅就業支援の講座を受講した五〇代の女性は「ワード・エクセルの初歩の内容で、ほとんど知っていたので楽だったが、受講費用が出るので夜の仕事の代わりにアルバイト感覚で受講した。まわりもほとんどバイト感覚の人が多かった」「事前説明では職の紹介などがあるという話だったが、こちらから強く要望してようやく事情も知らない男性による面接が一回あっただけ。最後に宣伝チラシをつくる仕事が紹介されたが、サイトから素材を拾ってきて作れという内容で、一枚一〇〇〇円だったが一日がかりの仕事になると思って断った」とスキルアップに役立つ内容どころか仕事にもつながらなかったという。これでは、一人あたり三八二万円を投入した事業の成果としてはあまりにもお粗末ではないか。

ひとり親家庭を対象にした在宅就業支援については二〇一四年、事業評価検討会が開催され「平成二一年度から実施した本事業については、その趣旨は有意義であったが、一部の事業者を除いて費用対効果が低い結果となり、このままの形での継続は妥当でない」との結論が出た。

以上、二〇〇三年から実施されてきたシングルマザー向けの就労支援の状況を見てきた。その中には高等職業訓練促進費のように一定程度成果が上がっている事業もあった。母子家庭等就業・自立支援センターについては、好事例もあるものの、利用者が少ないセンターもあることがわかった。そもそも児童扶養手当の予算を少しずつ減額してつくられた予算で運営されている事業であるからこそ、一〇年間の事業結果の検証が必要である。何人が受講し、どのような職種に就けたのか。雇用形態は安定したのか、賃金アップにつながったのか、それはコストに見合うのか。こうした検証がないままに、就労支援事業が進んではならない。

6章

求められる支援を考える

5章では、ひとり親家庭の現状は深刻なままであるが、それに対する適切な施策が取られてきたとは言えない状況を伝えた。現金給付である児童扶養手当が大幅に減らされ(二〇〇三年改革)、代わりに行われた就労支援や生活支援が、全国で地域格差があって十分に機能していないという状況である。その中で、ひとり親の新たな困難はさまざまな形で表れている。

ひとり親家庭の現状について話をすると、よく、こんな話が出てくる。「私の知り合いのひとり親は行政から十分な支援をもらっている。うらやましいくらいだ」「私の親戚のシングルマザーは親族と同居して子育てを応援してもらってのんびり暮らしている」「ひとり親は甘やかされている」と。数少ない知り合いの事例を一般化して「ひとり親は恵まれている」と思う傾向があるようだ。

これまで示したひとり親の貧困率の高さなどからわかるのは、親族支援があり、本人の就労状況も良好というような恵まれたひとり親はわずかであることだ。さらに、一見たくさんのメニューがある支援施策は、利用率や周知度も低く、ひとり親家庭の窮状を救う機能を十分には果たせずにいる現状も紹介した。

このままでは、ひとり親家庭に育つ子どもたちの困難が放置されたままとなり、不十分な教育や支援しかないまま成人していくことになる。

ではどうしていったらいいのか。

そうは言ってもひとり親家庭に対する、あるいは困窮した子どもたちに対する民間の支援がぐんと増えてきたことは間違いない。さまざまな社会的企業やＮＰＯがひとり親、ひとり親家庭の子どもたちの支援、あるいはひとり親をターゲットにした事業を始めている。行政の施策について考える前にまず、こうした民間支援を紹介したい。その評価を含めて、今後の課題を探りたい。

こうした社会的企業やＮＰＯの支援活動、事業の対象は限られている。より求められる自治体や国の施策の在り方についても、今の課題を伝えていきたい。

子どもたちの野外活動を支援

二〇一三年八月中旬、高尾山口駅前に四〇人近くの親子連れが集まった。みな母親らしい女性と幼児や小学生の子どもたちだ。この集まりが、シングルマザー家庭の親子たちだと知る人は少ない。高尾山の看板の前で記念撮影をする。よく見ると、そこに若い男性二人も参加している。彼らは、ひとり親の子どもたちの野外活動を支援する団体「オレンジフラッグ」のメンバーだ。今回は高尾山登山を支援するということで加わった。登山のルールを伝え、安全に配慮するなどフォローする役割。彼らには子どもたちから選んだチームリーダーと副リーダーのそばについて登ってもらえるので子どもたちも心強い。山を下りるころにはすっかりなじんで、「一緒に泊まろう」と言う子も。楽しい一日だったようだ。これは私が参加しているしんぐるまざあず・ふぉーらむの夏の行事の一コマだ。

オレンジフラッグの主催する野外活動に参加したひとり親の感想もすこぶるいい。「日頃子どもたちが大人の男性と接する機会が少ないのでうれしかった」「こういう支援をしてもらえるとわかってうれしかった」といった感想もあった。

オレンジフラッグの代表、上杉貴雅さんは三〇代の会社員。ハードな広告業界で仕事をしていたが、自分のやりたいことや生きがいをみつけたいと転職した。出版社の仕事に移り、自分の時間をつくれるようになって、児童養護施設で学習ボランティアをしてきたが、自分が得意な野外活動の分野で子どもたちの支援をしようと思った。そこでアウトドア活動の経験が少ないひとり親の子どもたちを対象にした支援をする団体を二〇一三年に設立。高校時代の仲間を募って埼玉県所沢市でボランティア団体の登録を行った。一か月に一度、川遊びやバーベキューなどのイベントを行い、ひとり親家庭の親子が参加している。半年の活動で上杉さんは「親以外で甘えられる大人がいることが大切だと思った」という。「野外活動を通じてぼくらと触れ合って笑顔になってもらえればいい」と言う。

ひとり親家庭の子どもたち、特に貧困家庭の子どもたちは、旅行や野外体験が少ない。親に時間的経済的な余裕がなく、子どもたちに体験させられないのだ。しかし、幼児期に豊かな経験をすることがその後の子どもたちの人生にもいい影響を与えると、イギリスの子どもの貧困対策でも言われている(「なくそう!子どもの貧困」全国ネットワーク編『イギリスに学ぶ子どもの貧困解決』かもがわ出版、二〇一一年)。今、同様の団体が少しずつ生まれている。今後も子ども支援にさまざまな形でかかわるNPOが増えていくことを期待したい。

上杉さんは、「もっと大変な子どもたちも参加できるようにするにはどうしたらいいのか」と考えながら次を探っている。

オレンジフラッグの活動から言えることは、さまざまな趣味や活動をしている人が、ひとり親家庭やひとり親の子どもたちをターゲットとすることで、多様な支援が生まれる可能性があるということだ。子どもたちの体験を豊かにするということであれば、音楽活動でもいいだろう。将来の職業や大学進学の夢を描くための働く大人との交流事業でもいい。さまざまな子どもも支援のイメージが湧いてくるはずだ。この本を読んでいる人でも何かのつながりができる、ということなのだ。

食料支援の可能性

食料支援の試みも広がりつつある。各地でフードバンク事業(食品企業の製造工程で発生した規格外品などを引きとり、必要な団体に無料で提供する事業)が行われるようになり、さまざまな困窮者支援の中でひとり親支援も試みられている。暮らしていくために食べることは基本だ。しんぐるまざあず・ふぉーらむでは、三か月に一度、東京都荒川区にある「フードバンク」の協力を得て、お米支援をシングルマザー家庭に行っている。フードバンクが余剰米を農家から集め、一〇キロを各シングルマザー家庭に発送。送料は自己負担してもらう。「お米さえあれば安心です」。そういう声が届いている。

同じく食料支援を行っている、「セカンドハーベスト・ジャパン」は、包装のわずかな不備や印字ミスなどさまざまな事情から、まだ充分食べられるにもかかわらず廃棄される食品を企業から提供を受け、必要な人に渡している。ひとり親家庭には年末食パッケージを提供している。メッセージカード付きの食品パッケージとともにあたたかい気持ちも届いているようだ。

「しんどい状態にあるシングルマザーらの調査とサポート」を行う「大阪子どもの貧困アクショングループ」は、全国のお寺とシングルマザーの家庭をつなぐ支援活動を行っている。お寺にお供えされるお菓子や果物などを仏さまからの「おさがり」として頂戴し、さまざまな事情により貧困生活を送るシングルマザーのご家庭へ「おやつ」として届ける活動をしている。

フードバンク事業はまだ日本ではそれほど馴染みがない。食品をもらうことへの抵抗感もある。そこをどう超えるかが課題である。

食料支援は「食」の支援をしているように見えるがそれだけではない。食料支援を受けているひとり親たちの声を聞くと「自分たちが応援してもらえるんだ」と感じたという心理的効果も大きい。またさらに「食料」を届けながら相談につなげていく、学習支援につなげるなど支援のツールとしても広がりのあるものである。

病児保育の訪問支援に「ひとり親支援プラン」

子どもを育てながら働くときの障害として、子どもが小さいうちは病気をしがちであることが大きい。

東京都内に住むシングルマザー森本美香さんは、三人の子どもと暮らす。五年前に新聞でひとり親を支援する病児保育の記事を読んで、これだと思った。子どもが病気になったときに、保育スタッフを派遣するという。しかもひとり親には、月額一〇〇〇円という安い利用料で派遣できるというシステムだ。

すぐにこの団体「NPO法人フローレンス」(駒崎弘樹代表理事)に連絡を取り、説明会に参加して登録した。離婚後フルタイムで仕事をしていたが、子どもたちには「病気をしたらお母さんが仕事ができなくなるから病気をしないでね」と言っていた。フローレンスに登録後は子どもも安心したのか、毎月のように病気になった。前夜に子どもの調子が悪いな、と思ってフローレンスに連絡すると、次の日朝七時に手配をしてくれた。ありがたかった。三年後、子どもたちも病気をしなくなり、フローレンスの利用は終わった。

首都圏を中心に病児保育専門の保育スタッフを派遣するNPO法人フローレンスは二〇〇五年に設立された。働く親にとって子どもの急病は仕事を継続するにあたって大きなリスクだ。そこで、毎月月極めで会費を払い(利用しない月も支払う)、子どもが病気のときに派遣されたスタッフが子どもを自宅で見てくれる仕組みをつくった。フローレンスによると、毎月の会費はだいたい六〇〇〇〜七〇〇〇円程度(一回分の利用料が含まれ、利用が少なければ減免される仕組み)で、朝八時までに連絡すれば必ず保育スタッフ(こどもレスキュー隊員)が自宅に来てくれる。医者にも連れていってくれる。取材した一三年一〇月のはじめには毎日三〇人の保育スタッフを病児の家庭に派遣しているということだった。

フローレンスの中で病児保育の「ひとり親支援プラン」は、月会費が一〇〇〇円で同じように病児保育を利用できる。原資は企業による寄付(スーパーの西友が社会貢献事業として寄付)と、サポート隊員による寄付で成り立っている。

二〇一三年一〇月現在でフローレンスを利用している世帯数は二四九一世帯(子どもは二九六七人)、このうちひとり親支援プランを利用している世帯数が一七一世帯(子ども一九一人)、ひとり親支援プランへの登録を待っている世帯が三三世帯いるということであった。利用者の七%がひとり親世帯であるということになる。ひとり親支援プランの支援期間の上限は二年と限っている。

ひとり親支援プランを始めたきっかけは、代表の駒崎さんがある講演会でひとり親の参加者から「とてもいい仕組みだけれど自分は高すぎて利用できない」と言われたことだったという。

あるシングルファーザーからの声を紹介してもらった。「突然父子家庭になり、〇歳と四歳の二人の園児を抱えてどう生活していけばよいのか途方に暮れていたときにたまたまフローレンスのひとり親支援プランを見つけた。それまでは毎日終電で帰宅し、土曜日出勤が当たり前だった職場で、男性社員が残業もせず人より早く帰宅するのはとても気まずいものです。まして平日子どもの病気を理由に休ませてくださいとは言いづらい。フローレンスのひとり親支援プランに入っていなければ職場にいづらくなって早いうちに退職していたことと思います。それでも四年間何とか頑張ってこれたおかげで、少しずつ「休ませてください」ということが言えるようになり、職場の雰囲気も変わってきた(後略)」

フローレンスによると、月極め会費なので利用にかかわらず安定した運営ができることが大きいという。大阪にも「ノーベル」というＮＰＯが病児保育とひとり親のための「ひとりおかんっ子パック」をつくっている。

子どもが小さい女性が就職のために面接に行くと必ず聞かれるのは「お子さんが熱を出したときに休むんじゃないですか」ということ。子どもの病気によって失職した人も多い。こうした子育て中の親の共通のリスクに対応する普遍的な仕組みの中で、寄付を得ることでより困難を抱えるひとり親に対しては安い料金での対応ができるビジネスモデルがあることに希望を感じる。本来は病気のときくらい親が看護休暇を取得して子どもを看られる職場であってほしいわけではあるが。

とはいえ、対象者はまだまだ少ない。より多くの対象者に広げるためには、行政の支援が必要だと言える。都内の自治体では病児保育バウチャー制度を始めた区がある（足立区、渋谷区、杉並区、千代田区）。全国に約一五〇万世帯のひとり親と三〇〇万人近くの子どもたちがいるのだ。小さな点のような数の支援しかない。

今後、大都市だけでなくこうした仕組みが広がっていくことが大切だ。

シングルマザー向けシェアハウス

現在、日本では空き家が増えている。本格的な住宅余剰時代を迎え、全国に八〇〇万戸以上の空き家があるという。一方では住むところがない、あるいは劣悪な住環境に住んでいる人々も増えている。極端に狭く劣悪な住環境の脱法ハウス、インターネットカフェもそういったひとつだろう。シングルマザーも高い家賃と狭い部屋に悩んでいる。

そんな中で余剰物件を利用したシェアハウスが増えている。シングルマザーに特化したシェアハウスも出てきた。神奈川県川崎市にある「ペアレンティングホーム高津」は、シングルマザー向けのシェアハウスの成功事例としてよく雑誌にも紹介されている。シングルマザー同士がシェアハウスをして成功する鍵はなんだろうと二〇一三年夏、実際に訪問してみた。

ペアレンティングホーム高津の玄関．子どもたちと大人たちの靴であふれている（2013年6月，筆者撮影）

東急田園都市線高津駅から歩いて三分。駅前のメインストリートから路地に入ると、ペアレンティングホーム高津の入るビルがあった。入口にあるポストが赤と白で、目を引く。玄関に入ると靴、靴、靴。八世帯一七人が住んでいるというこのシェアハウスだが、靴だけでも壮観だ。入るとまず廊下があり、それぞれの居室のドアの前を通って、広いリビングに出た。

たまたま土曜日ということで、住人たちは起きるのが遅かったらしく、子どもが着替えもまだの状態でのびのび走り回っている。母親たちもゆっくり起きてきて、子どもたちに食事を食べさせ始めた。広々としたリビングでちょっとスタイリッシュなテーブルで母親同士もゆったり話しながら、食事。食事はそれぞれの親子で別々だ。

このシェアハウスでは、管理人の巡回・訪問、清掃業者が週二回、チャイルドケアが毎週火曜日と金曜日に一七時〜二一時まで入る。母親はチャイルドケアのあいだ時間が空くので勉強や自分の余暇に時間を使えるが、基本は居室にいる約束だという。トイレは洋式二室、バスルーム、洗濯機二台、乾燥機、かなり広いバルコニーがあり、インターネット回線も使える。居室は六畳程度（少し広い部屋もある）で家賃は月六万五〇〇〇円、ほかに共益費二万五〇〇〇円（水光熱費、週二回の食事代、チャイルドケアを含む）が必要である。

案内してくれた不動産管理会社ストーンズの細山勝紀さんに話を聞いた。ペアレンティングホーム高津があるビルはメディカルビルで医療関係のクリニックが複数入っており、シェアハウスのフロアは、オーナーの部屋だったが一五年空き部屋のままだった。何かいい方法はないかと相談を受けた細山さんは単身者用のシェアハウスにしようと当初考えていたが一級建築士の秋山立花さんと横浜の保育園園長の石尾ひとみさんのアドバイスを受けてシングルマザーシェアハウスとして売り出すことにした。「シングルマザーにはチャイルドケアが必要だ」というのは、長年保育園でシングルマザーと出会い、自身もシングルマザーである石尾さんの意見だったという。

今ここには八世帯、九人の子どもたちがいる。母親には都心に仕事をしに行っている人が多い。

細山さんは「このペアレンティングホーム高津に入る人は、仕事をして自立できている人が基本。非正規でもバイトでもいいが子育てと仕事を両立しようというお母さんのためのシェアハウスなので、福祉としてやっているわけではない」という。

入居者の感想は、「自分の時間ができた」「ひとりっこから急に八人兄弟ができた」「大人の話ができ余裕が生まれる」などよかったことが多く、「スキルアップする勉強を始めた」という人もいるという。トラブルとしては、子ども同士のけんかをどう解決するか。今では自分の子ではない子も叱るということになったという。

昼食を終えた母親に話を聞いた。保育所はとても近くにあり、すぐに入れたという。すぐに入れなくて、まだ無認可に預けている、という母親も赤ちゃんにご飯をゆっくり食べさせていた。

「子どもたちはとても楽しいし、自分も子どもと二人だけで「はあー」となることがない」と楽しそうに語った。「川崎は東京よりも福祉はよくないわね」とそれだけが不満ということだった。

食後も、すぐに台所に立って皿を洗い、テーブルを片付ける人もいない。片付けなどに時間を取るよりも、自分自身の時間を大切にしているようだ。また清掃が入るので、部屋が汚いことにいらいらすることもなさそうだと感じた。

たまたま話を聞いた人は「児童扶養手当は受給していな」かった。つまり、シングルマザーの中では所得階層は高めだということだろう。このシェアハウスの入居者は、家賃と共益費を支払えるある程度収入が高い層なのかもしれない。またその結果、仕事もある程度安定しており、コミュニケーション力も高く、精神的に自立しているシングルマザーが多く、トラブルが起きにくいのかもしれないと想像した。

ストーンズは、続いて二〇一三年一〇月には二子新地でもシングルマザー・ファーザー向けのシェアハウスをオープン。また、多世代型のシェアハウスもつくる予定だという。

このペアレンティングホーム高津の条件（家賃六万五〇〇〇円、共益費二万五〇〇〇円）についてしんぐるまざあず・ふぉーらむの会員に聞いたところでは、高いと思う、というシングルマザーは多かった。そうした意味で、もう少し所得の低い人でも入れるシェアハウスがあればいいのかもしれない。だが、そうなれば、さまざまな事情を抱えた人が入居することになり、福祉的な支援が必要となるだろう。

住宅余剰の結果生まれやすくなったシェアハウスを、ビジネスとして補助なしで行うには「ある程度所得が高く自立したシングルマザー向け」としているのは有効であり、ひとりで仕事と子育てで孤立しがちなママたちにとっても大事なつながりをもたらす。一方では困窮したママたちには福祉的な母子生活支援施設のような支援が必要ではないかと考えた。

シングルマザーを管理職にする支援

就労支援の会社もある。「シングルマザーを管理職にする」というキャッチコピーの「ハーモニーレジデンス」という職業紹介会社である。非正規で働くシングルマザーが多い中でこうした職業紹介には注目が集まっている。この職業紹介は、ホームページにアクセスした人の中から電話をかけてスクリーニングをしておよそ一〇人に一人を面接登録し、企業に紹介している。三〇～四〇代でなかなか正社員の仕事に就けないが能力のある人を企業とマッチング。企業にはシングルマザーを雇用した場合の助成金九〇万円が出るので、そこから成功報酬を得る仕組みだろう。登録面接に至らなかった人には非正規の仕事があれば紹介するという。スクリーニングするとはいえ、正社員にしてくれる企業と出会うことはなかなか難しいのでそうした人には役立つだろう。だが、対象になるシングルマザーは限定されるという印象だ。

野外活動支援、シェアハウス、インターネットから申し込める就職支援、新しい形のつながりや支援が次々に生まれている。こうした支援の対象者は地域も人数も階層も限定的にならざるを得ないが、一方ではそうしたＮＰＯが存在することでひとり親家庭に対する社会の理解が進んできている。

ほっとサロン

しんぐるまざあず・ふぉーらむでは、月二回シングルマザーのためのほっとサロンにファシリテーター（進行役）を派遣している。定員は八人で少人数の中で、輪になってそれぞれが話し、またほかのメンバーの話に耳を傾ける。子どもたちは託児室に預けられている。

①ここで聞いたことはほかでは話さない　②名乗りたい名前を名乗る　③時間はみんなでシェアする　④ほかの人を批判したり遮ったりしない　⑤言いたくないことは言わなくていい　⑥ここでのつながりを宗教・政治・ビジネスに使わない　というルールをもうけ安心安全な場をつくっている。

二時間はあっという間に経ち、その間に自分の悩んでいること、そしてほかのシングルマザーがどんなふうに問題を解決してきたか、悩んでいるかを聞く。参加者の満足度は非常に高く、「同じ立場の女性と素直な気持ちで話をすることができて心が軽くなりました」「普段、話せないようなことを話すことができ、また他の方からいろいろ話を聞くことができてよかった」

「苦しい状況にある方がこんなにいるんだと思った。そして勇気づけられた」などの感想が寄せられる。また離婚前後の法律手続きや制度の説明などをすることもある。

こうした場は呼び名や手法は「カフェ」「井戸端会議」「おしゃべり会」などさまざまではあるが、各地にあることで社会的に孤立しやすいシングルマザー、そしてシングルファーザーのつながりを支えていくことになる。こうした場でのポイントは、①(教え導くのではなく)だれもが対等な関係であること、②問題を解決していくのはその人自身であること、③その人自身がエンパワーしていく(力をつけていく)ことを信じ支えていくこと、である。

ひとり親向けのセミナーを開催した後に、参加者向けにグループ相談会を開催することも多いがここでも涙とともにさまざまな体験が語られている。「つながり」は宝物である。こうした会が全国に広がってほしいと思う。

だが一方では、よりつながりにくい人にどうやって情報を届けることができるのかが課題だ。

広がる学習支援の輪

塾に行けない子どもたちの学習支援の輪は全国に広がっている。各地で無料の学習支援が行われている。

「NPO法人キッズドア」は、学生ボランティアを集めて、タダゼミなど無料の学習支援を東京、仙台、福島などで続けている。

国も動き始めており、生活保護受給家庭の子どもたちへの無料学習塾に自治体の補助金がつく仕組みをつくっている。埼玉県では老人福祉施設を借りて学習教室を県内二四か所で開いている。また、さいたま市も独自の事業を行っている。事業開始後、生活保護受給家庭の子どもたちの高校進学率が八六・九％から九七％に増加したという。

二〇一二年度からはひとり親家庭の子どもたちへの学習支援にも補助がつくようになり、取り組みが広がりつつある。

貧困家庭の子どもを対象にした学習支援はこれからも広がる兆しがあることは希望がある。しかし、熱意によって運営されているところは運営費がなかなか出ない。人件費や場所代も不足している。

キッズドア代表の渡辺由美子さんは「貧困にさらされる子どもたちが将来仕事に就き、中小企業の正社員になったとすれば生涯で平均三〇一〇万円の税金を払うだろう。他方生活保護受給者になれば、三五年間で三三六〇万円を社会が負担することになる。だからこそ、社会や企業にも子どもたちのための支援に協力を求めたい。そのための説得力をつけたい」と言う。

二〇一三年一〇月の土曜日の午後、仙台駅近くのセミナー室でキッズドア主催の教育費準備セミナーが開催された。集まったのは、キッズドアに子どもが参加している母親たち。ほとんどがシングルマザーだった。講座の内容は、主に大学の進学費用の準備についてである。震災後二年半が経ち、仙台市の街はきれいだった。だがそこに集まっている母親たちの表情には疲れがにじんでいた。講師の新美昌也さん自身、母子家庭育ちのファイナンシャルプランナー。

新美さんが強調したのは「子どもたちは自分の家の経済状況を考えて進学を自分で勝手にあきらめてしまうことがよくある。だから早めにこうした講座を受けて、奨学金や貸付金などを利用すればなんとか大学に行く道があることを知って、お母さんが子どもとよく話し合ってほしい」ということだった。奨学金が使えるといっても、初年度納付金のときには奨学金はまだ使えないので、別の手立てが必要だという実践的な内容だった。講演後、私も母親たちから相談を受けたが、母親たちが教育費云々以前に孤立しているので、シングルマザー同士の集まりを紹介した。ある母親は自分が行ける場所があることを知って顔が明るくなっていくのがわかった。イベントは手応えを多く感じる内容だった。

支援につながりにくい人々とつながる

沖縄の金城麻美さんは、四歳の子がいる二三歳のシングルマザーだ。高校を中退して、今は定時制高校に再入学して勉強中だ。

麻美さんが高校中退後、仲間と遊んでいたころ出会った男性は、最初とてもやさしかった。彼が暴力団に入っていると知ったのは数か月後で、すでに付き合い始めていた。妊娠後すぐに彼は逮捕されてしまい、同居生活はほとんどなかった。一緒に暮らしている間も、彼に稼ぎはなく、自分で働いた。風俗店の呼び込みをしたり、キャバクラで働いて彼に小遣いを渡したりしていた。やさしいと思ったけれどそのやさしさは彼自身にも向いているのだとわかった。

子どもがこんな父親と暮らすのはよくないと思って、離婚することにした。元夫の家族もとても不安定な家族だった。父親も暴力団に所属、元夫の母親は離婚後、今度は飲み屋のお客さんと結婚。きょうだいは六人いた。

那覇市内のキャバクラなどで働く女性向けドレスショップ(2012年6月，筆者撮影)

麻美さんの友達には、一六歳で出産する子が多かった。まわりには相手が逃げてしまって子どもを産むような未婚の母親も多く、同級生が順番で赤ちゃんの面倒を見ていた。

麻美さんは離婚後母親のもとに帰り、高校に通い直している。将来は、自分と同じように一〇代で出産して風俗やキャバクラで働いている女の子たちがやり直しできるような起業をしたいと思っている。そのためには大学に行って学びたい。子どもは麻美さんの祖母が育ててくれているので、離れても勉強をしたいと思っている。それが夢だ。

沖縄は、二〇歳未満の女性の出産率が全国一であるという。

そして、シングルマザーになる一〇代の女性も多いが、シングルマザーを支援する制度とつながっていない人も多い。結果として麻美さんや友人たちのように、キャバクラ、風俗で働いて収入を得るしかない女性が多い。沖縄県ひとり親世帯調査によると、沖縄のシングルマザーのうち午前〇時以降に帰宅する母親が一二・〇%、午前七時~午後一時台に帰宅する母親が三・一%に上る(二〇一〇年)。これは何を意味するのだろうか。観光・サービス業に就く女性たちの中には深夜まで働いている人も多いということなのだろう。事務職の仕事が少ないということもある。

沖縄にはそうした子どもたちを預ける夜間保育もたくさんある。那覇市内のそうした夜間保育のひとつを二〇一二年に訪ねた。松山地区の繁華街のはずれにあるその保育所は、扉を開けると畳敷きの遊び場、その奥にベビーサークルが十数個並んでいた。ひとりの母親が子どもを三人連れてきたが、保育士さんは手慣れた様子でいちばん小さい一歳くらいの女の子をサークルに入れた。女の子は泣きもしないでサークルにつかまり立ちして、私たちをみつめる。その日は休日だったが、五時を過ぎて預けにきた母親もいた。上の子たちは畳敷きの場所でさっそく遊び始めた。ここで夜中まで母親を待つのだ。

沖縄では若年出産の女性たちの子どもたちがまた若年出産しているケースもあるという。一般に、一〇代で出産したシングルマザーに関しては、学業の中断からくる経済的な困窮や、養育力困難、虐待のリスクが高いと指摘されている(たとえば、定月みゆき「若年妊娠・出産・育児への対応」二〇〇九年)。統計を見ればそうであるし、私もそういう印象を持つこともある。一方で、「一〇代で出産したというだけで、子どもはちゃんと育てられないだろうという目で見られることがつらかった」と話す若い母親たちがたくさんいることも心に止めておきたい。「どうせそういう目でしか見られないんでしょ」ということが、大人の世界に向けて「助けて」と言えない原因になってはならない。

自分の状態を把握して「助けて」と言える。それ自体ができにくい人々がいることが指摘されてきた。

二〇一〇年に起こった幼児置き去り死事件の母親もそういうひとりだった。彼女は「助けて」と小さな声で言っていたのだろうが、その声はかき消されてしまった。彼女は助けを呼べないまま「自分で自分と子どもの状況をみないように」していた。そのために子どもたちは放置されてしまった(杉山春『ルポ虐待——大阪二児置き去り死事件』ちくま新書、二〇一三年)。

子どもから親の支援へつなげる

支援をなかなか求めてこないひとり親家庭に対してどんな支援ができるのだろうか。あるいは孤立しがちなひとり親家庭に対してどんなことができるのだろうか。

ひとつのアイデアが、子どもたちの支援を通じてのつながりである。

「豊島子どもWAKUWAKUネットワーク」はプレーパークを通じて出会った子どもたちを無料の学習支援塾や子ども食堂に誘っている。二〇一三年夏には式根島に子どもたちを連れていった。

そもそものきっかけは、代表の栗林知絵子さんがプレーパークを通じて子どもたちと出会っていたこと。ある日、街を歩いていたら、プレーパークの顔見知りの男の子から「高校に行けないかもしれない」と言われたことからその子の学習支援を始めてしまったのだという。その子の家庭はひとり親家庭だった。

私も相当のおせっかいで、家出少年を自宅で三週間預かったりしているが、栗林さんも自称「おせっかいおばさん」である。その少年は塾に通うため一〇〇人以上の支援を得てなんとか二次試験で高校に合格した。そこから、地域で子どもたちの支援を始めるという試みが始まったのだ。

いま豊島子どもWAKUWAKUネットワークは、無料学習支援、子どもに無料で食事を提供する「あさやけ子ども食堂」など、子どもを支える仕組みを地域でつくっている。

こうした地域の取り組みは親がアクセスしてこなくても、子どもたちの支援が始められるという利点がある。そしてそこから親の生活支援につながれば良い。

どんな施策が求められているのか

二〇一三年五月から、社会保障審議会児童部会で「ひとり親家庭の支援施策の在り方に関する専門委員会」が開催された。ここではさまざまなひとり親家庭の支援の在り方が議論された。

私は、当事者団体の代表者としてほかの団体の代表と共に、この委員会の承認を得て「参加人」という特別枠で参加することができた。この中で私は、ひとり親の支援施策がひとり親家庭の貧困削減にどれほどの効果が上がっているのかを十分に検証する場が必要だと発言した。具体的検証もないまま施策が継続されているものが多いからである。しかし、時間が足りないまま六回の議論で中間まとめ案が出された。5章でも見たように、就労支援に力を入れるという母子福祉施策が始まって一〇年。その内容を検証することが急務であったのではないだろうか。

この専門委員会では、二〇〇三年に始まった母子家庭等就業・自立支援センター事業など(5章参照)についての検証は行われないままに、福祉事務所の「ワンストップ機能を強化する」という方向でひとり親の相談事業を行う母子自立支援員の役割が強調されることとなった。しかし、母子自立支援員は非常勤が多く、研修費用も不十分であるなど問題を抱えている状況であるがそこには触れられていない。

ひとり親施策について、私が提言する内容は以下のようなものだ。ここでは予算拡大がそれほど望めないときに何ができるのか、という視点で施策を選んでいる。ひとり親支援を拡大していきたい。だが最低限必要な制度に絞ってまとめてみた。

今必要なひとり親支援施策一覧
——実態に合った検証に基づく支援を——

① 経済的支援
〈児童扶養手当〉
- ５年間受給後の減額措置を廃止
- ２か月に１度の支払い
- 複数子加算の増額
- 満額支給の所得制限を 200 万円に
- 子どもが 20 歳になるまで支給期間を延長
- 将来的には遺族基礎年金と児童扶養手当の統合を

② 両立支援——子ども支援・保育サービスの充実
- 日常生活支援事業の抜本的な改革と拡大
- 病児保育，ベビーシッターなどの利用券配布
- ファミリーサポート事業の減免*
- 待機児童対策*

③ ひとり親の就労支援事業
- 高等技能(職業)訓練促進費事業の拡充
- 中学卒の親支援の充実
- DV 被害や虐待体験者などの伴走型支援
- 求職者支援制度*

④ ひとり親医療費助成制度の現物給付制の拡大
- 乳幼児医療費助成の拡大*
- ひとり親医療費助成

⑤ ワンストップで社会資源につながれる相談を
- ひとり親支援員(母子父子自立支援員)の相談力アップ
- 相談を一度したらさまざまな社会資源につながれるような支援

⑥ 子どもの教育に関する支援
- 給付型奨学金*
- 就学援助の拡大*
- 多様な体験を支援
- 無料学習支援の全国化

⑦ ひとり親のニーズに合った交流事業・情報提供

⑧ 養育費・面会交流に関する支援

⑨ ひとり親支援事業の委託先をプロポーザル選考にすること

⑩ そのほかの支援との連携
- DV 被害者支援
- 男女共同参画
- 困窮者自立支援

＊はひとり親施策に特化していない，より普遍的な支援

今必要なひとり親のための施策

ひとり親施策はその時々の政府の予算の制約の中で、5章でも触れたように施策の目的よりも言い訳的に実施されてきたように思う。その中には評価できる施策ももちろんあるが、周知度が低く、実績が上がっていない、あるいは成果が限られており機能不全に陥っている施策も多い。

少なくとも実施後三年で具体的な検証に基づいた施策を行うことが必要なのである。

【① 児童扶養手当の重要性の確認】

これまで見てきた通り、児童扶養手当はひとり親にとって、生命線である。貧困削減効果も大きいことが検証されている。児童扶養手当を五年間受給した後は半額に削減されることになっているが、就労証明などを出せば継続支給となる。この半額支給停止を定めた児童扶養手当法一四条を廃止、あるいは凍結すべきだろう。これによって五年後の手続きも不要となるので、「児童扶養手当一部支給停止適用除外届」のための事務手続きについての自治体の負担もなくなる。

また現在は四か月に一回の支給だが、毎月の支給として、手当が四か月分支給されたらすぐに使ってしまうようなひとり親の家計を安定させることも必要だ。児童扶養手当は八月に現況届を出し、所得や実態を踏まえて次年度の給付が決まる。この調査に時間がかかる場合に次の支給に間に合わないというのができない理由とされそうだ。一一月までは、前年度の額を支給し、差額はあとで調整したらどうか。(その後、制度改正があり児童扶養手当は二〇一九年一一月より、奇数月隔月支給となることになった。)

児童扶養手当は、子ども二人になると五〇〇〇円の加算、三人になるとさらに三〇〇〇円が加算となるが、この加算額の増額を求めたい。生活保護費は家族全員一人ひとりの必要に応じた生活扶助費を認めている。子ども二人の場合の五〇〇〇円の加算は一九八〇年以来三〇年以上変わっていない。子ども三人の場合の三〇〇〇円の加算は一九九四年より二〇年来上がっていない。この間子ども一人の給付の全額支給額は拡充してきたことを考えると、以前よりも二人目三人目の子どもへの配慮は弱くなっているとも言える。子どもが多くなるほど、家計に困難を抱えている様子は顕著であり、またそのことは子どもの貧困調査からも指摘されている(阿部彩『子どもの貧困』岩波新書、二〇〇八年)。せめて加算額を子ども二人の場合に一万円、三人目以降には六〇〇〇円にしたい。(この提案は、我々の要望により二〇一六年度にほぼ実現した)

静岡県浜松市では、ひとり親になってから三年間第二子に五〇〇〇円、第三子に七〇〇〇円の自立支援手当を給付している。児童扶養手当が、多子世帯に、より有効な手当となっていくのではないか。東京都がひとり親家庭への児童育成手当を児童一人に対し一万三五〇〇円支給しているのも多子の場合に大きな助けとなる。

さらに年収一三〇万円の壁の存在も大きい。年収一三〇万円が満額支給の限度額となっているために、これ以下に収入を抑える人がいる。これではひとり親が訓練を受けてスキルアップをしようという意欲を削いでいく。満額支給の額をせめて平均年間就労収入の二〇〇万円に上げるべきだろう。

長期目標としては、遺族基礎年金と児童扶養手当を社会手当として統合する案もある(田宮遊子「母子家庭の最低所得保障」二〇一〇年)。現在では遺族基礎年金は年額で七七万八五〇〇円。これに第一子、第二子がいる場合は二二万四〇〇〇円が加算される。月額にして比較すると児童扶養手当は月額四万一〇二〇円(満額支給の場合、二〇一四年四月から)であり、遺族基礎年金は約八万二九三三円で、児童扶養手当の子ども一人の満額支給額の約二倍である。

死別の母子に対して、遺族基礎年金が支払われるのは、そもそも死亡した夫が基礎年金を払っていたからだと根拠づけられている。しかし、死亡日に六五歳未満であれば、直近の一年間加入しているだけでも受給できるのである(二〇二六年以前に死亡した場合)。つまり、そもそも福祉的要素の大きい給付なのである。死別母子家庭に支給される遺族基礎年金と、生別母子家庭に支給される児童扶養手当の額の差が広がったのは一九八五年の年金制度と児童扶養手当制度の改定によってである。日本の税・年金制度は「一生男性に添い遂げた女性」に手厚い。実態調査結果では預貯金・持家などの資産は死別母子のほうが圧倒的に多く持っている。母子と父子、ひとり親の実態に焦点をあてた平等な制度が望まれる。さらに年金の対象とならなかった、死別父子家庭に対しても年金支給があるよう改善が見込まれている。

児童手当(子ども手当)がすべての子どもを対象として発足し、名前は変わったが児童手当となり比較的所得制限が高く設定された。もちろん、所得制限なしの制度が望ましいことは言うまでもない(北明美「「子ども手当」とジェンダー」二〇一二年)。この手当は多くの子育て世帯と同様に多くのひとり親にとっても助けになっている。

【② 子ども支援・保育サービスの充実】

ひとり親の就労阻害要因は子育て、なかでも小さな子どもがいることである。小さければ「子どもが熱を出したら休むから面接もさせない」という会社も多い。また保育時間が短いために非正規にとどまっているという人もいる。親族の援助がない人たちは残業のときにも困る。

仕事と子育てを両立できるような施策がまだ不足している。先述のNPO法人フローレンスのような病児保育が全国規模では存在しない。緊急のときでも子どもを見てもらえるような仕組みが必要である。それは、病児保育施設を増やすことでもよいし、残業や病気のときのためのベビーシッター券を配布することでもよい。

自治体ごとに行われている現在の日常生活支援事業は全国的には機能不全のところが多いと言わざるをえない。委託団体をオープンにし、ひとり親の就労継続のキーポイントであることを踏まえた施策をつくりたい。規模が小さいと人手を確保することも難しいというのであれば、他の子育て家庭の支援とつなげてファミリーサポート事業の中に、低所得世帯とひとり親には利用料の減免措置をつけるべきだろう。

病児保育やファミリーサポート事業など子育てと仕事の両立を支援する施策をより使いやすい形でひとり親に提供したい。たとえば病児保育の利用の減免措置を低所得世帯に行う。あるいはファミリーサポート事業の減免措置を低所得世帯に広げるなどである。ひとり親だけに対象を限定した施策である必要はない。

厚生労働省はファミリーサポート事業の減免制度を行っている自治体に対して二〇万円の補助金をつけているが、これでカバーできる範囲はあまりに狭い。

ファミリーサポート事業を行っている全国五六七のセンターへの調査で、ひとり親家庭の利用料の補助を行っているセンターは六一センター、母子家庭に利用料補助を行っているセンタ

【コラム4】　旭川市のファミリーサポート事業

旭川市のファミリーサポート事業は，市民税非課税世帯またはひとり親世帯(児童扶養手当受給者あるいはひとり親家庭等医療費受給者等)には1回の利用料のうち5分の4を補助している(たとえば1時間の援助では利用料は700円だが，助成対象者は1回100円の利用料で利用でき，残り600円は旭川市が負担している．100円未満四捨五入)．

2010年6月から5分の4の補助を始めた．利用開始月には7世帯が利用料助成制度を利用，2013年9月には21世帯が利用している．

（筆者が電話により聞き取り）

ーは五センター。単純に計算すれば一二％のセンターに過ぎない(「平成二四年度全国ファミリー・サポート・センター　活動実態調査結果」)。

しかし中には、旭川市のように五分の四の援助を行い、一時間一〇〇円の利用料で低所得世帯が利用できるようにしている自治体もある。

そのほか妊娠中の女性への母親学級・父親学級を開催している自治体が増えてきた。「イクメン事業」が増えることは男女が子育てにかかわる社会を推進するという意味で歓迎すべきだろう。だが、少数ではあるが、ひとりで子どもを産む覚悟を決めている非婚女性にとってはどうだろうか。母親学級でひとこと配慮があればいい。母子手帳の一ページにひとりで子どもを産む母親への支援、児童扶養手当や産後の支援に関するページを設けてはどうだろうか。

婚外子の出生率も上がってきている。

保育の充実は子ども支援全体の課題であり、特に、離婚後間もない、あるいは別居中のひとり親にとっては、子どもを預けられなければ収入が得られない。

京都府の「マザーズジョブカフェ」にある「安心ゆりかごサポート」は、就職が決定したけれども子どもの預け先が確保できない母親に対して保育を最長一年間提供するサービスだ。

ひとり親支援策にがんばる児童館もある。母親と子どもを集めてうどんつくりと母親の相談会をつなげた事業が地域にある。今ある資源でできることは、たくさんある。

【③ ひとり親の就労支援事業】

ひとり親向けの高等技能訓練促進費事業（高等職業訓練促進費事業）は二〇〇三年に発足したが、国の制度は揺れ続けた。看護師、保育士、介護福祉士などを中心に作業療法士、理学療法士等々の資格取得の二年間より長い学校に通う場合、住民税非課税世帯であれば一〇万円、住民税課税世帯には七万五〇〇〇円の訓練促進費を給付する制度である。二〇〇三年から、①最後の三分の一期間・一四万一〇〇〇円→②後半二分の一期間・一四万一〇〇〇円→③全期間・一四万一〇〇〇円→④三年間・一〇万円→⑤二年間・一〇万円（いずれも住民税非課税の場合の給付額）と、期間と額が変遷してきた。一七年現在では三年間に拡大し、月額一〇万円と、一般失業者の手当付き訓練を行う求職者支援制度に合わせた金額となっている。就職困難者の訓練手当制度としては優れていると言われる。それでも、生活費の高い地域では一〇万円では生活費としても不足するので貸付金を借りることになる。

また、DV被害後のトラウマ被害や虐待の体験など重層化する困難によってなかなか働けないシングルマザーに対して、就労困難な状況を理解しながら、小さなステップを踏んでいくような伴走型の支援が必要である。DV被害女性へのエンパワメント・プログラムが各地のシェルターなどで行われているが、もっと受けやすくなることが必要である。

「NPO法人インクルいわて」は、七人のシングルマザーに対して中間的就労の場「インクルーム」を提供、職業技術（パソコン・事務研修・就職活動支援等）と生活面や心理的サポートを含めた包括的な就労支援を行った。週三日、一日三時間の研修、あるいは週四日一日六時間研修コースをもうけた。その結果、なかなか外に出られないようなシングルマザーがパソコンの知識を得ながら仲間ともつながることができ、同時に心理的なサポートも受けることができた。最低賃金を払うことで本人も履歴書に職歴を書くことができるメリットがある。一人あたり月一二万五〇〇〇円のコストがかかったという。まさに支援が困難な方への伴走的支援の試みである。こうした支援が可能な場は、これからできるであろう生活困窮者自立支援法での支援、あるいは既存の施設としては、母子生活支援施設などがあるだろう。

【④ ひとり親医療費助成制度の現物給付制の拡大】

ひとり親家庭の親子の医療費の自己負担分について助成する制度は、全国の都道府県で実施されている。ただし窓口でいったん自己負担分を支払ってからあとで償還する償還制度か、最初から現物給付する制度であるかは都道府県によって異なる。償還制度の場合、煩雑な手続きを行わないひとり親も多い。現物給付制度に変えていくべきではないか。政府は現物給付を行うことは医療の過剰受診を招くと、現物給付制度を導入している自治体にはペナルティとして交付金の減額措置を実施しているが、これは行わないようにすべきだろう。

【⑤ ワンストップで一度相談したら社会資源につながれる相談を】

支援につながりにくいひとり親にどうアクセスしていけるのか。実はこの問題についての議論がさらにさらに必要なのである。

役所に行ってもどうせ支援してもらえない、インターネットで調べることができない、役所に一度行ったとしても書類をそろえるのが大変であきらめてしまう。あるいは冷たい対応にあきらめて二度と行きたくないという人もいる。

二〇一〇年、二人の子どもたちが餓死に至り、衝撃を与えた大阪幼児置き去り死事件で被告となった母親は、児童扶養手当の申請に行ったけれども前年所得を証明する書類が整わず、ひとり親家庭への支援とつながらないまま転居してしまった。彼女が行政にアクセスした数回の間に「がっつり」つながることができていたら、と思う。二〇一三年、子どもを虐待死させたシングルファーザーの事件もあった。シングルファーザーの孤立が大きな問題となっている。そういう人たちがどう支援につながれるのか。

母子自立支援員の名称も（父子も対象となっているのだから）「ひとり親支援員」とし、研修に力を入れたい。役所の窓口で次の支援につなげるためのマニュアル作成をしたらどうだろうか。支援が大変なのは、〝その人のせい〟ではない。支援スキルの問題である。

申請をしにきた際に、制度の説明や手続きだけで終わらせてはいけない。その次に公営住宅の申込みや、ファミリーサポート事業の登録、就労支援の講座などトータルな情報提供ができるように意識したい。

メールマガジンやSNS（ソーシャル・ネットワーキング・サービス）を使うこと、ひとり親のガイドブックを作成するなど各種支援の周知をはかる必要もある。

【⑥ 子どもの教育に関する支援】

今の奨学金制度は若者に卒業時には多額の借金を負わせる結果となっている。しかも高校・

大学卒業後は非正規の仕事に就く若者も多く、その後滞納のリスクが高まる。給付型奨学金の拡大は急務だろう。

高校の授業料無償化については所得制限付きかどうかで議論があるが、せめて現行の就学援助が高校に拡大することが望ましい。子どもが高校生になると昼食代、交通費、教科書代、制服代、修学旅行費などの負担が大きい。自転車で通学できる範囲は限られているし、天候によっては無理がある。

就学援助制度は経済的理由によって就学困難な児童及び生徒について学用品や通学の交通費や就学旅行費、学校給食費などを補助する制度である。自治体が実施主体だが、国が自治体へその経費を補助している。

こうした制度で排除しないような運用とはどのようなものだろうか。民生委員の証明がいる地域があり、地域の人に知られてしまうことを恐れて就学援助を申し込めないという声があった。こうしたハードルを設けてはならない。幸い、就学援助法施行令にあった「民生委員の助言を求めることができる」という文言は二〇〇五年以降削除されたので、民生委員の意見を必須とするところが少なくなったという(全国学校事務職員制度研究会ほか編『元気がでる就学援助の本』かもがわ出版、二〇一二年)。わかりやすく利用しやすい制度となるよう、また、全国どこでも同じような援助が得られるようにすべきだろう。東京都内のある区では、全員に就学援助の申込書を配布し、申請する世帯もしない世帯からも書類を集めることで申請しやすくしていた。

小・中学校生のうちに塾通いが必要な教育が行われていることは義務教育の在り方として問題ではあるが、現在その改善を待っている余裕はないだろう。無料の学習支援を全国規模で行えるような補助が望ましい。無料の学習支援でつながった親の交流事業も行うことで包摂的・越境的な仕組みにしたい。

教育費の母子寡婦父子福祉資金貸付金制度については子どもが借り、連帯保証人が母親でもいいという制度を徹底させたい。

【⑦ 孤立を防ぐ　ひとり親のニーズに合った交流事業】

シングルマザー・シングルファーザーのニーズは刻々と変わってきている。その時々のニーズに合った交流事業を企画したい。

母子寡婦福祉会が地域のシングルマザーの交流事業を担っていることが多い。母子会は比較的余裕のある死別の寡婦が担っている。「いまどきの母子家庭はなっていない」というような〝お説教調〟の雰囲気になっていないか。今のひとり親の窮状を理解しようと努力している会がないわけではないが。通信手段も携帯メールなどを使いこなしたい。ホームページをつくっても更新できなければ意味がない。

一〇年で子育ての状況や雇用の状況はドラスティックに変わる。その変化に追い付いていかなければ支援は的外れとなってしまう。新しいシングルマザー、シングルファーザーのNPOやグループ、あるいはテーマは異なるが子ども支援NPO等のグループ、困窮者支援NPOやグループ、あるいはシングルマザーを対象にしようとする企業など、オープンに委託していくべきだろう。

自治体は委託先を変えることに消極的である。自治体のひとり親施策の担当者は勇気をもって、本当に困窮しているひとり親のために自治体に何ができるのか、何が必要なのかを真摯に考えてほしいと思う。

【⑧ 養育費・面会交流に関する支援】

3章でも触れたが、養育費・面会交流事業に関してはまだまだ不十分である。養育費の算定表についてもより公正な算定表に更新されるべきである。また支払確保制度については省庁横断的な議論の場が必要であり、それは面会交流事業についても同様である。裁判所が面会交流について取り決めたそのあとの支援機関を増やしDV被害への理解がある支援としたい。

【⑨ 当事者の参加と事業委託先をオープンにすること】

委託についてはプロポーザル選考を入れたほうが望ましい。同時に、今もっとも困っている当事者の声を反映させる仕組みが必要である。すべての委託先は三年後の見直しと検証を行うべきだろう。

【⑩ そのほかの支援との連携による包摂型支援】

・女性支援

［DV被害女性への支援、女性への就労支援］

男女共同参画センターが困難を抱える男女の支援を行っている。ここにもひとり親支援へとつなげている例がいくつもある。「子どもひろば」を実施する団体がひとり親支援を行っている例もある。横浜市男女共同参画センターのように、男女共同参画センターとひとり親支援の担当、あるいは困窮者支援団体がつながりをもった事業を行うことも可能である。

男女共同参画センターがDV被害女性の支援、女性の再就職支援を行っている事例もある。

・困窮者への支援

［求職者支援制度］

［伴走型支援］

困窮者の支援がシングルマザーの支援につながる場合がある。

たとえば求職者支援制度によって別居中のひとり親が手当付き訓練を受けることができ就職につながった事例もある。あるいはほかの支援を受けられることもある。

これから伴走型支援として多くの自治体で生活困窮者への支援が始まることになるだろう。債務を抱え、住宅に困り、虐待のリスクが高い、メンタルな問題を抱えている等々の複合的な問題を抱える人に対して伴走型支援ができる枠組みがあることが望ましい。

・住宅手当、住宅費援助

日本の住宅政策は持家支援中心で進んできた。しかし職が不安定で持家を持てない層、あるいは無理してローンを組んだが離婚により持家を手放した人々が住宅に困っている。公営住宅建設あるいは、空き家住宅の活用や、住宅手当などの支援がさらに広がることが望ましい。

＊

ここに挙げたものはもちろん、ある程度実現性があるものである。

ひとり親が根本的に望んでいることは、女も男も子育てと両立するような時間に働き子どもが育てられる賃金を得られること、人間らしい労働と暮らしが実現できることである。そのためには税や年金や社会制度が多様な生き方に対して平等である制度が必要である。

では、どうすれば子育て責任を担っている女性や男性、特にシングルマザーが正規雇用に就け、収入を上げることができるようになるのか。ひとつには、寿退社などを慣行とせずに子育て後も育児休業などを取得し、継続して就労する女性を増やすことだろう。そのためには、子育てと仕事の両立しやすい環境を整備することである。それが結果的にはひとり親家庭の生活にも安定をもたらす。

そしてもうひとつは、正社員と非正規の二つの労働市場の構造を変えることである。そのために同一価値労働同一賃金原則をどう職場に定着させていけるかである。

そして、職業訓練などの能力開発への支援に対して手厚くメニューを増やすことである。

それは4章でふれたように、シングルマザーもシングルファーザーも男性片働き社会のひずみをもっとも強くこうむってきているからである。

子どもたちがどのような家庭に育っても、心配せずに高等教育が受けられる社会。そういう目標は掲げつつも、今ある中で少なくとも実現しなければならない課題を挙げた。ぜいたくやわがままではなく、そうすることでひとり親と子どもたちが社会の一員としてひとり立ちできるような施策でなければならない。

おわりに

東北沿岸部のM市で、村田彩恵子さんに会った。M市は人口約六万人、二〇一一年三月一一日の津波被害による死者は四二〇人、浸水範囲内の人口は一万八三七八人である。村田さんは、車を運転しているときに津波と遭遇し九死に一生を得た。それまでは勤務先の海産物加工の工場で月に一二～一三万円程度の収入を得ていた。車と勤務先は流されたが、家は流されなかったので罹災証明はない。震災後働き場もなく、がれき処理は男性ばかりに求人が出て就いた仕事は時給六八〇円の海産物加工の会社、次は保険の営業だった。今は二〇一五年春までの被災者支援の仕事を続けながら、高校生と中学生の子ども二人を育てている。土日には子どもの部活の送迎があり、できれば働きたくないが、今後どうするか迷っている。

私は東日本大震災の地域のシングルマザーの聞き取りを続けている。話を聞けば聞くほど、この地域のもともと厳しかったシングルマザーの就業状況に、被災による失業などの影響が重なっていること、子育ての困難は増えて（より遠くなった学校への送迎や震災後の子どもの不登校やPTSDなど）いることなどが見えてくる。

震災後のDV被害も三県で増加している。残念ながら、震災後の孤独死と並んで震災後の離婚も増えていくだろう。

また、妻を亡くしたシングルファーザーには、遺族年金が支給されないなど支援が届きにくいことも明らかになった。

災害に対し脆弱性を抱える人々として、ひとり親家庭がある。しかし特別に予算が組まれた支援は遺児・孤児家庭に限られてしまう。東北地域、特に岩手県では「離婚したこと」を言うことすらためらう風土があるという。離婚したひとり親であると自分から名乗りを上げにくい状況で、困難は見えにくく不可視化していくのではないだろうか。

細々と聞き取りを続けていると、少しずつ希望を紡いでいる被災地域のシングルマザーがいる一方で、まだまだ不安定で混乱が続いているシングルマザーがいる。

今後、震災の被害はひとり親家庭にどのように影響するのだろう。震災後の社会の変化がひとり親に、より深刻な影響を与えていき、世間の「復興」との差が拡大するのではないだろうか。

だが考えてみると、そもそも日本のひとり親家庭全体が、同じような問題にさらされ続けてきたのである。家事・育児を担う女性の稼得能力は低く、ひとり親家庭への再分配も少ない状況では、ひとり親家庭の貧困は改善されない。さらに一九九〇年代から経済的な〝津波〟にさらされてきたともいえる。その結果、非正規化・不安定就労がさらに増え、都市部では夫の収入が減った結果、働かざるを得ない子育て中の女性が増えて待機児童が増加した。ひとり親になるときにまず子どもの預け先から探さざるを得ず、それが就労への壁となり、キャバクラや性風俗業で働くことも考えざるをえないひとり親もまた増えてきた。あるいはシングルファーザーも不安定な仕事に就かざるをえなくなってきた。

こうしたひとり親家庭の現状を伝えることが私に与えられた使命であった。「しんぐるまざあず・ふぉーらむ」という小さなNPOの活動を通じて出会ったシングルマザーの方たちだけでは限られているので、独自にシングルファーザーやシングルマザー、支援の現場を取材して歩いた。だが書けば書くほど、あのことも書いていない、このことも取材していない、という焦燥感が募ってくる。現状の厳しさを伝えれば、それが偏見に結びつくことも考えねばならず、自分の力不足も痛感した。

しかし、これまでひとり親家庭、つまりシングルマザー・シングルファーザーの生の現状についで伝える本が少なかったので、これをたたき台にしてひとり親の状況についてもっと多くの本や文章が出てほしいと思う。それによって社会のあり方が変わることを期待する。

日本社会がひとり親家庭支援に逡巡し続けてきたのは、どこかで「あるべき家族像」から逸脱した例外的な存在であるという評価があったからだろう。奇妙にひとり親を死別、離婚、非婚と格付けしてきたのも見てきた通りである。それが旧来の支援を続けさせ、状況が急激に変わってきたひとり親家庭と子どもたちを社会全体がネグレクトし続けることになってきた。一部の「選良」な母子家庭のみが支援に値するとされ、より困難な人々を排除してきた。

しかし、少しずつではあるが、ひとり親家庭の状況に理解を示す企業や市民が増えてきている。あるいは「貧困にさらされる子どもたち」を支援する人々も増えてきた。ひとり親であることを当事者に自己責任として押しつけるのではなく、離婚等でひとり親になることはありうることとして社会や制度がつくられていってほしい。本書が、シングルマザー・シングルファーザーと子どもたちが生き生きと暮らせるような社会への歩みを進めるために役立つことを祈っている。

＊

本書を執筆する過程で取材に応じてくださった方々、また、しんぐるまざあず・ふぉーらむの調査にかかわってくださった多くの方々とスタッフのみなさんに感謝したい。シングルマザーの仲間の存在には常に感謝している。また、拙い原稿に目を通してくださり適切にアドバイスをくださった岩波書店の上田麻里さんにも感謝したい。

二〇一四年三月

赤石千衣子

本書を出版してから五年の歳月が経った。改めてひとり親家庭の現状を伝える書籍としての力をもっていると感じている。

五年間で実現したこともある。児童扶養手当の複数子の加算額はほぼ二倍となった。支給回数は二〇一九年一一月から奇数月隔月支給となる。満額支給の所得制限も一六〇万円にあがった。これらにご協力してくださった人々に感謝を申し上げる。

子ども食堂は全国三七〇〇か所を超えたとされる。私たちは二〇一六年から、企業と連携したキャリア支援プログラムを運営し、好評を得ている。社会の資源は拡大した。しかし、なぜひとり親は困難を抱えているか？という問いへの答えは変わらず、その根本的な解決のためにはまだ挑戦は続くだろう。

二〇一九年七月　追記

主要引用・参考文献

はじめに

厚生労働省「平成23年度全国母子世帯等調査結果報告」

湯浅誠『反貧困——「すべり台社会」からの脱出』岩波新書，2008年

1章

阿部彩『子どもの貧困——日本の不公平を考える』岩波新書，2008年

阿部彩「家族が直面する生活不安の実態」国立社会保障・人口問題研究所編，西村周三監修『日本社会の生活不安——自助・共助・公助の新たなかたち』慶應義塾大学出版会，2012年

加藤彰彦「離婚の要因——家族構造・社会階層・経済成長」熊谷苑子・大久保孝治編『コーホート比較による戦後日本の家族変動の研究』日本家族社会学会全国家族調査委員会，2005年

神原文子『子づれシングル——ひとり親家族の自立と社会的支援』明石書店，2010年

田宮遊子，四方理人「母子世帯の仕事と育児——生活時間の国際比較から」国立社会保障・人口問題研究所編『季刊社会保障研究』第43巻第3号，2007年

藤原千沙「ひとり親の就業と階層性」社会政策学会編『若者——長期化する移行期と社会政策』(社会政策学会誌，No. 13)2005年

2章

酒井克彦「寡婦控除あるいは寡夫控除を巡る諸問題(上)」『税務弘報』2011年2月号

酒井克彦「寡婦控除あるいは寡夫控除を巡る諸問題(中)」『税務弘報』2011年3月号

酒井克彦「寡婦控除あるいは寡夫控除を巡る諸問題(下)」『税務弘報』2011年4月号
女性ネットSaya-saya『DV被害者支援マニュアル』1〜12
白川美也子「DVにさらされた子どもの影響」『暴力の連鎖をなくすために，いまできること』AWS，2013年
新川てるえ原案，本間千恵子漫画『継母ですが？　もう1つのシンデレラストーリー』エンターブレイン，2013年
しんぐるまざあず・ふぉーらむニュース各号
しんぐるまざあず・ふぉーらむ編『母子家庭の仕事とくらし——ひとり親就労実態調査・就労支援事業報告書』2003年
しんぐるまざあず・ふぉーらむ編『母子家庭の仕事とくらし②』2007年
しんぐるまざあず・ふぉーらむ編『母子家庭の仕事とくらし③』2011年
日本弁護士連合会「寡婦控除における非婚母子に対する人権救済申立事件(要望)」2013年(http://www.nichibenren.or.jp/activity/document/complaint/year/2013/2013_1.html)
ランディ・バンクロフト，ジェイ・G・シルバーマン『DVにさらされる子どもたち——加害者としての親が家族機能に及ぼす影響』幾島幸子訳，金剛出版，2004年
ランディ・バンクロフト『DV・虐待にさらされた子どものトラウマを癒す——お母さんと支援者のためのガイド』白川美也子・山崎知克監訳，阿部尚美・白倉三紀子訳，明石書店，2006年

3章

青砥恭『ドキュメント高校中退——いま，貧困がうまれる場所』ちくま新書，2009年
飯島裕子，ビッグイシュー基金『ルポ若者ホームレス』ちくま新書，2011年
佐々木正美『ひとり親でも子どもは健全に育ちます』小学館，

2012年
周燕飛「子どものいる世帯の生活状況および保護者の就業に関する調査」独立行政法人労働政策研究・研修機構, 2012年
奨学金問題対策全国会議編『日本の奨学金はこれでいいのか！——奨学金という名の貧困ビジネス』あけび書房, 2013年
しんぐるまざあず・ふぉーらむ編著『シングルマザーに乾杯！——離婚・非婚を子どもとともに』現代書館, 2001年
しんぐるまざあず・ふぉーらむ編『母子家庭の子どもたち——子どもたちへのインタビュー調査と母親へのアンケート調査報告書』2004年
しんぐるまざあず・ふぉーらむ編『母子家庭の子どもと教育——母子家庭の子どもの教育実態調査とインタビュー報告書』2010年
内閣府「親と子の生活意識に関する調査」2011年
労働政策研究・研修機構編『シングルマザーの就業と経済的自立』(労働政策研究報告書, No. 140), 2012年

4章

岩田美香「離別母子家族と親族の援助——母親の学歴からみた階層性」『教育福祉研究』7号, 2001年
岩田美香「ひとり親家族の子育てと福祉援助——貧困家族におけるジェンダーと家族主義からの考察」『福祉国家と家族』法政大学出版局, 2012年
大沢真理『いまこそ考えたい生活保障のしくみ』岩波ブックレット, 2010年
荻上チキ『彼女たちの売春(ワリキリ)——社会からの斥力, 出会い系の引力』扶桑社, 2012年
厚生労働省「社会保障審議会児童部会ひとり親家庭の支援の在り方に関する専門委員会資料」

杉山春『ルポ虐待――大阪二児置き去り死事件』ちくま新書，2013 年
鈴木大介『出会い系のシングルマザーたち――欲望と貧困のはざまで』朝日新聞出版，2010 年
中澤香織「シングルマザーの性別役割意識――貧困・低所得層への聞き取りから」『教育福祉研究』15 号，2009 年
三山雅子「誰が正社員から排除され，誰が残ったのか」藤原千沙・山田和代編『労働再審 3　女性と労働』大月書店，2011 年

5 章

赤石千衣子「シングルマザーたちが国会を動かした」『女性と労働 21』No. 65，2008 年
稲葉剛『生活保護から考える』岩波新書，2013 年
神原文子，しんぐるまざあず・ふぉーらむ・関西編著『ひとり親家庭を支援するために――その現実から支援策を学ぶ』大阪大学出版会，2012 年
「世紀をひらく児童の権利保障」を出版する会編『世紀をひらく児童の権利保障』径書房，1985 年
藤原千沙，湯澤直美，石田浩「母子世帯の所得分布と児童扶養手当の貧困削減効果　地方自治体の児童扶養手当受給資格者データから」『貧困研究』Vol. 6，2011 年

6 章

北明美「「子ども手当」とジェンダー」『女性労働研究』No. 56，2012 年
駒崎弘樹『「社会を変える」を仕事にする――社会起業家という生き方』ちくま文庫，2011 年
定月みゆき「若年妊娠・出産・育児への対応」『母子保健情報』60 号，2009 年
全国学校事務職員制度研究会，「なくそう！子どもの貧困」全国ネットワーク編『元気がでる就学援助の本――子ども

の学びを支えるセーフティネット』かもがわ出版，2012年
田宮遊子「母子世帯の最低所得保障」駒村康平編『最低所得保障』岩波書店，2010年
「なくそう！子どもの貧困」全国ネットワーク編『イギリスに学ぶ子どもの貧困解決』かもがわ出版，2011年

赤石千衣子
しんぐるまざあず・ふぉーらむ理事長.
1955年東京生まれ.非婚のシングルマザーとなり,シングルマザーの当事者団体の活動に参加.2019年寡婦控除税制からひとり親控除への改正に尽力.シングルマザーサポート団体全国協議会代表.こども家庭審議会臨時委員.法制審議会委員.『ふぇみん婦人民主新聞』元編集長.社会福祉士.国家資格キャリアコンサルタント.
編著書に『母子家庭にカンパイ!』『シングルマザーに乾杯!』『シングルマザーのあなたに』(以上,現代書館),『災害支援に女性の視点を!』(共編著,岩波ブックレット)ほかがある.

ひとり親家庭　岩波新書(新赤版)1481

2014年4月18日　第1刷発行
2023年7月5日　第5刷発行

著者　赤石千衣子《あかいしちえこ》

発行者　坂本政謙

発行所　株式会社 岩波書店
〒101-8002 東京都千代田区一ツ橋 2-5-5
案内 03-5210-4000　営業部 03-5210-4111
https://www.iwanami.co.jp/

新書編集部 03-5210-4054
https://www.iwanami.co.jp/sin/

印刷・理想社　カバー・半七印刷　製本・中永製本

ISBN 978-4-00-431481-3　Printed in Japan

岩波新書新赤版一〇〇〇点に際して

ひとつの時代が終わったと言われて久しい。だが、その先にいかなる時代を展望するのか、私たちはその輪郭すら描きえていない。二〇世紀から持ち越した課題の多くは、未だ解決の緒を見つけることのできないままであり、二一世紀が新たに招きよせた問題も少なくない。グローバル資本主義の浸透、憎悪の連鎖、暴力の応酬――世界は混沌として深い不安の只中にある。

現代社会においては変化が常態となり、速さと新しさに絶対的な価値が与えられた。消費社会の深化と情報技術の革命は、種々の境界を無くし、人々の生活やコミュニケーションの様式を根底から変容させてきた。ライフスタイルは多様化し、一面では個人の生き方をそれぞれが選びとる時代が始まっている。同時に、新たな格差が生まれ、様々な次元での亀裂や分断が深まっている。社会や歴史に対する意識が揺らぎ、普遍的な理念に対する根本的な懐疑や、現実を変えることへの無力感がひそかに根を張りつつある。そして生きることに誰もが困難を覚える時代が到来している。

しかし、日常生活のそれぞれの場で、自由と民主主義を獲得し実践することを通じて、私たち自身がそうした閉塞を乗り超え、希望の時代の幕開けを告げてゆくことは不可能ではあるまい。そのために、いま求められていること――それは、個と個の間で開かれた対話を積み重ねながら、人間らしく生きることの条件について一人ひとりが粘り強く思考することではないか。その営みの糧となるものが、教養に外ならないと私たちは考える。歴史とは何か、よく生きるとはいかなることか、世界そして人間はどこへ向かうべきなのか――こうした根源的な問いとの格闘が、文化と知の厚みを作り出し、個人と社会を支える基盤としての教養となった。まさにそのような教養への道案内こそ、岩波新書が創刊以来、追求してきたことである。

岩波新書は、日中戦争下の一九三八年一一月に赤版として創刊された。創刊の辞は、道義の精神に則らない日本の行動を憂慮し、批判的精神と良心的行動の欠如を戒めつつ、現代人の現代的教養を刊行の目的とする、と謳っている。以後、青版、黄版、新赤版と装いを改めながら、合計二五〇〇点余りを世に問うてきた。そして、いままた新赤版が一〇〇〇点を迎えたのを機に、人間の理性と良心への信頼を再確認し、それに裏打ちされた文化を培っていく決意を込めて、新しい装丁のもとに再出発したいと思う。一冊一冊から吹き出す新風が一人でも多くの読者の許に届くこと、そして希望ある時代への想像力を豊かにかき立てることを切に願う。

（二〇〇六年四月）